소금이
희망이다

YOU CAN COACH

: How to help leaders build healthy churches through coaching
Copyright ⓒ 2010 by Joel Comiskey.

Published by CCS Publishing
23890 Brittlebush Circle, Moreno Valley, CA 92557, USA
All rights reserved.

Korean Translation copyright ⓒ 2011 by NCD Publishers

우리 교회 소그룹이 변화되는 8가지 방법

소그룹이 희망이다

조엘 코미스키 외 지음 | 주지현 옮김

도서출판 NCD

차례

추천의 글

들어가는 글: 소그룹을 통해 교회의 부흥을 꿈꾸는 당신에게

1장 _꿈의 실현을 도우라 15

모든 사람들 안에는 하나님이 주신 꿈이 있고,
리더는 "바다 깊숙이 숨겨진 금광을 발견하고 파낼 수 있도록 돕는 사람"이다.

2장 _본질에 초점을 맞추라 39

코치는 개인과 공동체가 자신만의 가치와 본질을 깨닫고 자기 삶에서 먼저
실행한 뒤 여기에서 뻗어나가도록 한다. 건강한 원리는 항상 본질에 기초한다.

3장 _섬김을 통해 배우라 71

우리 모두가 그리스도의 몸을 이루고 있음을 인정하고,
자기를 내어주신 예수님의 영으로 서로를 섬기는 것이 열매 맺는 길이다.

4장 _전부를 쏟아 부어라 89

소그룹에서 자신의 전부를 쏟아 부어야 한다. 내 인생의 한 부분이 아니라
인생 전반을 포함하는 인격, 경험, 지식을 가지고 그들에게 다가가야 한다.

5장 _사람들의 친구가 되어주라 105

우정과 존중은 관계를 더욱 밀착시키는 강력 접착제다.
리더와 소그룹은 이 여정을 함께 걸어가고 친구 관계를 통해 더욱 멀리 나아간다.

6장 _모든 리더에게 필요한 변화 119

코칭은 소그룹 성장과 성숙을 위한 유일한 돌파구다. 사람들의 선한 가능성을
알아봐주고 격려하여 주 안에서 온전히 살아가도록 돕는 일이기 때문이다.

7장 _정상에 오르기까지 인내하라 149

리더는 사람들이 잠재력을 충분히 발휘할 수 있도록
인내하며 기다릴 줄 안다.

8장 _계획을 세우고, 지금 시작하라 167

모든 일을 행하시는 하나님께 온전히 의지할 때
그분은 이전까지 꿈꾸지 못했던 지혜와 통찰로써 우리의 계획을 이끌어가신다.

부록: 이끌 때 필요한 원칙들

주석

::

추천의 글

이 책의 저자들은 셀교회 운동에 경험이 풍부한 사람들이며, 그들이 소그룹 사
역에 바쳐온 세월을 모두 더해보기만 해도 60년을 넘을 정도다. 게다가 세 명
의 저자들은 아시아와 남미, 미주 지역에서 자신들이 직접 체험한 이야기를 담
았기 때문에 다양한 사례를 통해 당신은 많은 것을 깨닫게 될 것이다.

영적 지도자들을 훈련하는 책들이 인지적, 효율적, 정신적 범주를 주로 다
루는 반면, 이 책은 순전히 그리스도를 중심으로 풀어나가고 있다는 점에서 아
주 탁월한 지침서다. 소그룹에 대한 신속한 자료 개발이 필요한 이때, 이 책은
훌륭한 도구가 되어 당신의 사역에 빛이 될 것이다.

_랄프 네이버 주니어 박사. 골든 게이트 신학원 셀교회 사역 부교수

건강한 성장은 줄기, 머리, 열매 혹은 아이, 청년, 아비와 같이 3단계로 일
어난다. 복음 안에서 사람들의 성장을 도우려면 먼저 그 자신의 영이 돌봄을
받아야 하고, 그 후에야 직접 다른 이들을 돌볼 수 있다. 조엘, 새미, 벤 형제들

추천의 글

은 오랜 기간 동안의 그들의 소그룹 사역 경험을 총동원하여, 교회에 매우 유용하면서도 동기를 일으키는 지침을 제공하고 있다. 체계를 잡지 못해 헤매고 있는 교회들이 코칭을 통해 바로 서고 실질적으로 하나님 나라를 이뤄가도록 돕는 책이다.

_볼프강 심슨. 영국 및 독일의 교회성장협회 이사

이 책은 모든 목회자와 소그룹 리더들이 반드시 읽어야 할 책이다. 또 도움이 될 만한 통찰력과 실질적 아이디어가 풍부하고 읽기도 쉽다. 읽는 사람으로 하여금 어떻게 소그룹에 긍정적인 변화를 가져오고, 성숙한 성장을 위해 리더가 무엇을 어떻게 준비해야 하는지 매우 유용한 원칙을 제시한다.

_토니 챈. 홍콩 세퍼드 커뮤니티 교회의 공동 설립 목사

이 책은 목회자들을 위한 강력하고 실질적인 '소그룹 변화' 지침서다. 이 책

::
추천의 글

을 쓴 코치들은 그저 몇 가지 원칙을 나열하는 학자들이 아니다. 날마다 경험 속에서 얻은 유용한 핵심과 성경적 가르침을 나누어준 우리의 동료 목회자들 이다. 이 책을 읽고 내일 당장 시작해보라. 정말로 소그룹에 변화를 가져올 핵심 원리를 발견하게 될 것이다.

_써니 청. '홍콩 셀교회 네트워크'의 실행위원

고등학교 시절 만난 코치 선생님은 내 인생에서 가장 영향력 있는 분이셨다. 우리 학교는 그분을 통해 최강의 팀을 배출했으며, 그 핵심에는 언제나 그분이 있었다.

이 책에는 사람의 인생에 필요한 코칭, 특히 교회 생활과 지도력 개발에 필요한 코칭에 대해 분명하게 언급되어 있다. 이 책에 나오는 교훈과 실례는 모든 교회 지도자들에게 유익이 될 것이다.

_토니 데일 · 펠리시티 데일. 전 세계적인 가정교회 운동의 개척자

들어가는 글

소그룹을 통해 교회의 부흥을 꿈꾸는 당신에게

UCLA 대학 농구팀을 전국 챔피언 대회에서 12시즌 동안 10차례나 챔피언으로 이끌고, 총 88경기 우승과 7회 연승을 가능케 한 존 우든. 현재까지 아무도 그와 같은 업적을 이루지 못했다.

존 우든은 어떻게 그런 위대한 코치가 될 수 있었을까? 사실 그는 자신이 명예의 전당에 오를 만한 뛰어난 농구 선수였다. 우든은 선수 시절에 자신의 삶에 적용했던 원칙을 훗날 코칭에도 사용했으며, 자신이 말한 대로 실천했고, 그런 모습을 보고 감명을 받은 사람들이 그를 따랐다.

그는 선수들을 농구 코트 안에서 뛰어난 농구선수로 키웠을 뿐만 아니라 코트 밖에서 더 뛰어난 사람이 되라고 코치했다. 선수들이 운동과 생활면에서 모두 성공할 수 있도록 우든이 그렇게 강조한 것은 '인품'이었다. 그는 공격적인 경기법이나 훅샷 성공법보다는 인생의 교훈을 가르쳐주었으며, 그 결과 선수들은 모든 면에

::

들어가는 글

서 더 뛰어난 선수가 되었다.

농구계에서 은퇴한 뒤 여러 기업들은 선수들을 가르쳤던 코칭의 원칙을 강연해 달라고 부탁했고 그는 여러 기업에 자신의 원칙을 전파했다.

존 우든은 인격을 개발시키는 법에 대해 이렇게 표현했다.

• 농구 선수인 자기 모습보다 훨씬 중요한 것은 인간으로서의 모습이다

• 내게 은혜를 보답할 수 없는 사람에게도 기꺼이 도움을 줄줄 아는 사람이 되라

• 성공에는 종착역이란 없다. 그러나 실패를 운명으로 받아들이지 말고, 그 안에서 '용기'를 진정한 가치로 삼아라!

코칭은 검증된 인생의 원칙을 전달해주는 것이지, 형식을 갖춘

어떤 기술을 가르치는 것이 아니다. 코치는 사람들을 믿어주며, 의미 있는 인생을 살고자 하는 그들의 꿈을 믿어준다. 또 일대일 관계를 중요시 여기며, 상대의 잠재력이 깨어나도록 돕고 꿈을 이룰 수 있게 지지해준다.

오늘날에는 온갖 서적과 세미나(정보)가 넘쳐난다. 그런데 정작 지금 목회자들에게 필요한 건 코칭이다. 그들의 말에 귀 기울이고 용기를 주며 다음 단계로 갈 수 있도록 도전을 줄 사람이 필요하다.

코칭은 전문가들만의 일이 아니다. 누군가를 코치하기 위해 학위가 필요한 것도 아니다. 코칭은 배우는 것보다 직접 가르쳐 봐야 안다.

이 책을 읽는 모든 목회자와 리더가 존 우든과 같은 코치의 마음을 품고 사람들의 꿈과 잠재력을 일깨워줄 수 있기를 간절히 바란다. 기억하라, 당신도 코치가 되어 다른 이들의 삶에 가치를 더

::

들어가는 글

해주는 일을 시작할 수 있다: 이 책은 소그룹을 통해 교회의 성장과 성숙이라는 두 마리 토끼를 함께 잡으려는 모든 지도자와 섬기는 이들에게 새로운(하지만 입증된!) 돌파구를 제시하고 있다.

세 명의 저자들

조엘 코미스키Joel Comiskey는 2001년을 시작으로 지금까지 10년이 넘게 목회자들을 대상으로 코칭 사역을 해왔다. 그는 코칭에 관해 《셀그룹 폭발을 위한 코칭》(2004, NCD)과 《소그룹을 살리는 리더 코치》(2009, NCD) 《사람들이 몰려오는 소그룹 인도법》(2010, NCD) 이렇게 세 권의 책을 썼다.

그는 전 세계적으로 소그룹 교회 운동을 뒷받침하는 데 헌신하고 있는 '조엘 코미스키 그룹Joel Comiskey Group'의 설립자이다. 또한

:

들어가는 글

부교수로 여러 신학대학원에서 학생들을 가르치면서 활발히 코칭 사역을 해오고 있다.

새미 래이 스캐스^{Sammy Ray Scaggs}는 목회자이자 선교사, 교사, 저술가이다. 이탈리아와 알바니아뿐 아니라 고향인 미국에서도 교회 개척을 해왔으며, 국제 사역과 타문화 사역에도 마음을 두고 있다. 저서로는 《꿈을 잣는 사람*The Dream Weaver*》이 있다.

또 세계적인 코칭 네트워크인 '트랜스포메이셔널 리더십 코칭^{Transformational Leadership Coaching}'에서 부총재이자 국제 책임자로 전체적인 책임을 맡고 있으며 성경적 재정 원칙과 코칭의 힘을 접목시킨 '에퀴티 포밍 파이낸셜 코칭^{Equity-forming financial Coaching}'이라는 단체의 공동 설립자이기도 하다. 이 책에서 그는 국제 코치 훈련 경험에 기반한 실제적인 소그룹 코칭에 관해 주로 이야기할 것이다.

　벤 왕Ben Wong은 아시아와 남미 지역에서 코칭 운동의 통로 역할
을 해왔다. 그는 리더 안에 어떤 마음이 있는지 분별하고 더 높은
단계로 나아가도록 이끄는 능력이 있다. 세계 여러 곳을 다니며 지
도자들을 코치해왔으며 홍콩에 소그룹 교회를 많이 세웠다. 그뿐
만 아니라 홍콩 교회를 든든히 세우고 미전도 종족 교회를 개척하
기 위해 수백 명의 지도자들과 더불어 소그룹 교회 선교 네트워크
를 만들었다.

1

꿈의 실현을 도우라

YOU CAN COACH

모든 사람들 안에는 하나님이 주신 꿈이 있고, 그 고귀한 꿈은 하나님의 영광을 위해 이 세상에 드러나도록 계획되어 있다. 나는 코치를 '바닥 깊숙이 숨겨진 금광을 파내는 사람'으로 말하고 싶다.

주여 내가 무엇을 바라리요
나의 소망은 주께 있나이다. _시 39:7

놀라운 일이 일어났다! 내(새미 래이 스캑스)가 알바니아 공화국 사상 처음으로 민주 선거로 선출된 살리 베리샤 대통령을 만난 것이다! 그와 나는 새 시대의 알바니아가 맞닥뜨려야 할 도전 과제와 신생 민주 국가인 알바니아의 상황, 민주주의에 대한 그의 열망에 대해 이야기를 나누었다. 그리고 그에게 알바니아어로 된 성경을 건네 준 뒤, 아쉽게도 퍼뜩 잠에서 깼다.

그렇다, 그건 꿈이었다. 복음을 듣지 못한 알바니아인들에게 복음을 전하고 싶은 내 안의 열망이 꿈이라는 간접경험으로 다가온 것이다. 그날 밤 꾸었던 생생한 꿈은 하나님의 꿈과 내 꿈의 다리가 되었으며, 그 꿈으로 나는 세계에 대한 눈이 열리기 시작했다.

그리고 두 달 뒤, 알바니아의 수도인 티라나에서 그 꿈은 정말로 이루어졌다! 놀랍지 않은가?

마음속에 갇힌 꿈 캐기

상담은 보통 상처가 많은 사람들이 받는다. 그러나 코칭은 건강한 사람들에게 필요하다. 따라서 코칭을 받는다고 해서 그가 약하거나 건강하지 못하다는 의미는 아니다. 성경에는 서로 코칭을 주고받는 사례가 무척 많이 나온다.

모세(대상자)와 장인 이드로(코치)를 생각해보자. 그리고 요나단과 다윗, 예수와 제자들, 바나바와 사도바울, 사도바울과 디모데가 그러하다. 이 밖에도 실례는 무수히 많다. 코칭이 완전히 새로운 개념인 것처럼 생각하기 쉽지만 그건 사실이 아니다.

코칭이란 대상자가 최선의 모습으로 설 수 있도록 옆에서 도와주는 헌신이자 훈련이다. 그 안에 잠재된 지도력을 개발시키도록 지원해주면서 말이다. 코치는 대상자의 마음속에 갇힌 하나님의 꿈을 캐내어 그가 인생의 목표를 잡고 실천하여 결국 꿈을 실현시킬 수 있게 돕는 역할을 한다.

나는 코치를 '바다 깊숙이 숨겨진 금광을 파내는 사람'으로 말하고 싶다. 모든 사람들 안에는 하나님이 주신 꿈이 있고, 그 고귀한 꿈은 하나님의 영광을 위해 이 세상에 드러나도록 계획되어 있다. 그러므로 하나님 나라 확장이라는 목표를 위해 꿈을 적용한다면 사후뿐 아니라 이 땅에 사는 날 동안에도 귀하게 보답을 받을 것이다.

또한 나는 코칭을 받는 사람에 대해 "자기 안에 해답을 갖고 있는 전문가들이며, 코치와 더불어 일하면서 그 해답을 발견한다."라고 생각한다.

이런 의미에서 하나님 나라에 있는 사람은 누구든 다른 사람들을 코칭할 수 있다. 목회자가 다른 목회자를 코칭할 수 있으며 교회가 다른 교회를 코칭할 수 있다. 대상자 안에 있는 해답을 찾기 위해 이 책에서는 다양한 접근법을 다룰 것이다. 교수법에 한 가지 방법만 있는 것이 아니듯 코칭에도 여러가지 방법이 있다.

그렇지만 이 책을 함께 쓴 세 명은 각각의 핵심 분야가 다르다. 코미스키는 코칭을 위해서는 모든 도구를 활용해야 한다는 점을 강조할 것이다. 벤은 성경적 관점에서 얻는 핵심과 원칙에 대해 말할 것이며, 나는 하나님이 주시는 꿈의 관점에서 코칭을 강조할 것이다.

우리의 목표는 예수님의 전략과 동일하다. 바로 나 자신의 근본적인 변화를 통해 내 안에 주어진 놀라운 능력을 맛보고 그로 인해 선한 영향력이 확대되는 삶이다.

질문에 답을 하면서 성령이 주시는 영적 통찰을 직접 얻게 되든, 코치가 주는 가르침과 통찰로 깨달음을 얻게 되든, 우리가 새롭게 깨달은 바를 수용하면 변화는 일어난다. 이것이 코칭의 궁극적 목표다.

예수님은 예수님의 십자가 죽음, 부활과 승천 이후 성령님의 내주하심에 이르기까지 이어질 놀라운 변화를 위해 제자들을 준비시키셨다.

너희가 나를 사랑하면 나의 계명을 지키리라. 내가 아버지께 구하겠으니 그가 또 다른 보혜사를 너희에게 주사 영원토록 너희와 함께 있게 하리니 그는 진리의 영이라. 세상은 능히 그를 받지 못하나니 이는 그를 보지도 못하고 알지도 못함이라. 그러나 너희는 그를 아나니 그는 너희와 함께 거하심이요 또 너희 속에 계시겠음이라 내가 너희를 고아와 같이 버려두지 아니하고 너희에게로 오리라. 조금 있으면 세상은 다시 나를 보지 못할 것이로되 너희는 나를 보리니 이는 내가 살아 있고 너희도 살아 있겠음이라. 그 날에는 내가 아버지 안에, 너희가 내 안에, 내가 너희 안에 있는 것을 너희가 알리라. 나의 계명을 지키는 자라야 나를 사랑하는 자니 나를 사랑하는 자는 내 아버지께 사랑을 받을 것이요 나도 그를 사랑하여 그에게 나를 나타내리라 (요 14:15-21).

예수님은 우리에게 강력한 코칭이 무엇인지 단면을 보여주셨다. 이는 코치와 대상자의 관계, 즉 코칭 관계가 시작되는 순간부터 인도하려는 대상과 그저 '함께해주기'로 결정하는 것이다. 어렵고 힘겨운 시간 동안 그가 길을 찾고 성장할 수 있도록 도와주는 것이 코칭이다.

이것이 바로 코칭의 정신이다. 코칭을 위해 굳이 전문적인 기술을 습득할 필요는 없다. 예수의 마음을 품고 기본적 코칭 기술을 더불어 갖추고, 올바른 마음과 태도를 지닌 사람이라면 그 누구라도 코치가 될 수 있다. 예수님의 임재 안에 있으면 능력이 임한다.

이는 제자들뿐 아니라 우리에게도 약속하신 바다. 정말 그렇다. 당신도 할 수 있다!

웨인 코데이로는 "우리들 모두의 마음에는 하나님이 주신 소망이 있다."고 말했다. 이를 잘 활용하면 배우고 성장하려는 사람들을 성공적으로 코칭할 수 있다.

이 땅에 하나님 나라를 확장시키려는 소망을 품은 사람들을 대상으로 '지지-격려-책임(SEA: support, encouragement, accountability)'의 코칭 원리를 적용하는 것이다. 대상자를 지지하고 격려하며 함께 책임을 지면서 그 꿈이 이뤄지도록 돕는 일이다.

건강한 코칭을 지향하는 방법 중 또 다른 하나는 '좋은 질문법'을 배우는 것이다. 이는 직접 해볼수록 쉽게 개발할 수 있는 기술이며 더 깊게 파고 들기 위해 능력 있는 질문법을 익히려는 노력이 필요하다.

지금까지 성경적 코칭의 의의와 코칭의 기본 원칙에 대해 알아보았다. 이제는 실제 생활 속에서 하나님이 주신 꿈을 실현하는 법과 더불어, 섬기는 리더십을 어떻게 배우고 적용해야 할지를 살펴보기로 하자.

꿈의 실현을 돕는 과정

자신의 스타일 파악하기

일단 코치가 되려는 비전을 잡았다면 자신만의 코칭 스타일을 발견하고 이를 세우는 작업부터 시작해야 한다. 내가 말하는 '스타일'이란 자신의 DISC(디스크, 행동유형 진단프로그램) 유형뿐 아니라 자신을 움직이게 하는 은사를 파악하는 것을 뜻한다. DISC 검사는 윌리엄 마스턴의 연구에 기초한 것으로 특정 상황에서 개인이 행동하는 양식을 검사하는 자료다. 이 검사는 개인의 스타일과 특정 행동에 대한 선호도에 초점을 두고 있다. DISC란 다음의 네 단어의 머릿글자를 딴 것이다.

- Dominance(주도형) : 통제, 힘, 독단성
- Influence(사교형) : 사회적 환경과 의사소통
- Steadiness(안정형) : 인내, 지속성, 사려
- Conscientiousness(신중형) : 구조와 조직

예를 들어 나같은 경우는 DISC 검사에서 높은 D/I 형으로 나오

는데, 함께 일하는 사람이 D형인지 아닌지에 따라 달라진다. 강한 'D형' 사람들과 일하게 되면 D보다 I가 튀어나와서 다른 사람의 지도력을 따른다. 관계 중심적인 I형으로 나의 지도력을 발휘하는 것이다.

나는 코칭을 시작할 때 설교나 가르침이나 조언을 주기보다는 코칭 대상자가 하는 말을 자세히 새겨듣고, 섣부르게 입을 열기보다는 상대에게 적합할 만한 질문을 적어본다. 나는 경험을 통해 이런 식으로 일 처리하는 것이 유익하다는 것을 배웠다. 나의 이런 스타일 덕분에 상대에 대한 통찰력이 생기고 적절한 위로의 말도 떠오른다는 걸 깨달았다. 어쨌든 나는 하나님이 나를 만드신 모습에 충실하면서 하나님의 영광을 위하여 강력한 코칭 기술을 사용하고 있다. 혹시 자신의 DISC 유형이나 사역의 은사를 아직 모르는 사람이 있다면 인터넷 상에서 무료 온라인 검사를 받아 보자. 자신의 유형을 발견하게 되면 자신의 코칭 스타일을 파악할 수 있다.■

■ DISC를 기독교적 입장에서 조망하고 정리한 책을 참고하려면 《나는, 내가 좋다》(홍광수 저, NCD)를 보라

교회 목회자들과 리더들은 자신의 영적 은사와 성향을 잘 알고 있다. 하지만 코칭 훈련에 임할 때 조심해야 할 것이 있다. 하나님의 말씀을 설교하고 가르치는 일이 너무 익숙한 나머지 코치로서의 역할을 혼동하는 것이다. 그래서 때로는 코칭 대상자 안에 행하시는 성령의 역사를 바라보기보다는 '해라 마라' 하며 가르치는 식이 되기도 한다.

성공하는 코치가 되는 비결 중 하나는 자신의 본래 모습에 충실하고, 적극적으로 들어주는 사람이 되는 것이다. 대상자들이 간절히 원하는 대답은 표면 아래 깊은 곳에 있다. 하나님의 손에 담긴 계획과 복음 전파의 꿈을 보여주고 진실을 발견하도록 코칭한다면 상황은 극적으로 좋아진다.

그렇다면 코칭 관계는 과연 어떤 식으로 시작해야 할까? 각 항목별로 살펴보도록 하자.

적극적인 경청

최근 조사에 따르면 평균적으로 사람은 들은 내용의 25~50퍼센트를 기억한다고 한다. 나 역시 그 정도 되는 것 같다. 적극적 경청을 하기 위해서는 집중과 에너지가 필요하다. 그러므로 대상자에게 온 집중을 다하라. 적극적 경청이 지닌 가치는 매우 크다. 갈등하는 사람들 안에 갇힌 꿈을 풀어주고 피난처를 제공하여, 하나님이 부르신 소명대로 따라갈 수 있게 해준다.

코치로서 자신을 훈련시키는 가장 중요한 단계는 '적극적인 경청'이다. 누군가 우리에게 자신의 이야기를 하면서 마음을 나눌 때, 자기도 모르는 사이에 상대가 말하려는 바를 나름대로 추측하려는 경향이 있다. 그러나 우리의 목표는 예수께서 하신 방식을 따르는 것이다. 그분은 사람들이 하는 말 '이면의 메시지'를 듣고 이에 답해주셨다. 때로는 옆에서 상황을 지켜보던 사람들에게 큰 충격을 안겨주는 말씀도 하셨다. 또한 적극적 경청의 훈련법을 사용하시느라 질문에 질문으로 답하시기도 했다. 복음서에서 사람들을 대하는 예수님의 모습을 살펴보면 적극적 경청의 최고 경지가 무엇인지 엄청난 통찰을 얻을 수 있다.

코치는 예수께서 하신 것처럼 코칭 대상자가 말하는 바와 더불어 말하지 않는 이면의 말까지 들어야 한다. 나는 대상자가 10점 만점에 10쯤 되는 큰 사건을 두고서도 3정도의 감정으로 설명한 뒤 다른 주제로 넘어가려고 한다면, 그 사실을 기록해둔다. 그리고 적절한 때가 오면 그 주제로 돌아가서 더 구체적인 질문을 던진다.

사람들은 코치가 자신의 말을 제대로 듣고 있는지 파악하고 정말 중요한 내용을 나눠도 안전한지 아닌지 구분하기 위해 그렇게들 많이 하기 때문이다.

상대의 말을 자세히 들으면 이면의 깊은 문제가 무엇인지 분간이 되고, 대상자가 특정 주제에 관해 더 많은 정보를 나누도록 호기심을 키울 수 있다. 이를 실행해보라. 사람들이 스스로 깨닫지 못한 그 무언가를 찾아낼 수 있을 것이다.

나는 적극적 경청을 나 자신을 위한 훈련이라고 생각한다. 겨우 30분 동안 들어주는 것만으로는 충분하지 않다. 자신이 느끼는 바를 설명하는 데에 시간이 필요하기 때문이다. 어떤 상황에서든 대상자에게 필요한 만큼 시간을 할애하고 침묵하면서 성령의 인도에 민감해져야 한다.

코칭에 익숙하지 않은 사람들은 코치가 자신이 하려는 말을 진지하게 받아들인다는 사실에 감동한다. 그래서 분위기가 자연스러워질 때까지 '입 꼭 다물도록' 스스로를 주의시켜야 할 수도 있다.

그게 어떤 의미인지 설명하겠다. 당신이 핵심을 잘 파악하고 문제 해결을 빠르게 하는 뛰어난 조언자라고 해서 상대에게 답을 내놓기에 급급해 코칭 관계가 무르익기 전에 조언을 한다면 하나님이 그의 삶 속에서 친히 행하실 일을 깨닫지 못할 수도 있다. 조언이 나쁘다는 말이 아니다. 하지만 코칭이 시작되는 그 시점에 너무 빨리 조언 단계로 들어가면 중대한 정보를 얻을 좋은 기회 역시 놓치고 만다.

섣불리 조언을 하면 좋은 코치가 되기 힘들다. 먼저 겉으로든 속으로든 입을 다물어야 한다. 새로운 습관이 자리 잡기까지 옛 습관이 훼방을 놓는 건 당연한 이치다. 습관의 전쟁에서는 75퍼센트가 인식의 영역이다. 나머지는 연습이다. 그러고서 할 일은 대상자가 이야기하는 동안 기록을 하는 일이다. 우선 몇 가지 질문거리를 적고, 상황에서 가장 알맞은 질문을 선택한다.

다시 한 번 말하지만 초반에 코칭 관계에서 좋은 질문을 해주는 것이 코치의 주된 역할이다. 그렇다면 어떤 질문을 해야 하는가?

열린 질문과 강력한 질문

먼저 '열린 질문'으로 시작하는 것이 좋다. 그런 다음에 차츰 '강력한 질문'으로 옮겨간다. 닫힌 질문이 '예' 혹은 '아니오'라는 대답만 도출해내는 질문이라면 열린 질문은 상대가 자신의 생각과 감정, 믿음을 말할 기회를 주는 질문이다. 열린 질문을 하면 사람들 안에 생기가 돌기 시작한다. 질문을 통해 하나님이 그들의 마음속에 둔 독특한 꿈을 발견하기 시작하는 것이다.

코치가 열린 질문으로 진행할수록 대상자는 평소 생각과 더불어 미처 기회가 없어서 표현하지 못한 깊은 부분까지 나누게 된다. 그러면서 대상자는 통찰을 얻고 문제의 해결책도 발견한다. 닫힌 질문과 열린 질문의 예를 살펴보자.

닫힌 질문 : "다른 나라로 옮기려는 결정에 대해 배우자한테 물어보셨나요?"

열린 질문 : "다른 나라로 가겠다는 결정을 내리는 데 배우자와 어떤 식으로 상의했나요?"

닫힌 질문 : "팀에게 그런 식으로 반응한 것은, 두려워서 인가요?"

열린 질문 : "자신의 어떤 성격 때문에 팀에게 그런 식으로 반응했을까요?"

열린 질문의 또 다른 예다.

• "오늘 이야기하고 싶은 가장 중요한 주제가 무엇인가요?"

- "특별한 방해거리가 없다면 어떤 교회를 세우고 싶은가요?"

- "인생 전체에서 가장 의미 있는 요소는 무엇인가요?"

- "현재의 문제에서 긍정적 변화를 가져올 수 있는 대처법은 과연 무엇
  일까요?"

열린 질문의 다음 단계는 '강력한 질문'이다. '강력한 질문'이
란 간단하게 말해서 극도의 흥분을 가져올 만한 '열린 질문'을 의
미한다. 강력한 질문을 받으면 사람들은 이렇게 반응한다. "정말
대단한 질문인데요!" "어머나! 한 번도 그런 질문을 받은 적이 없
었는데." 대상자가 이런 반응을 보이거든 대답하기까지 시간이 좀
필요하다는 점을 기억하라.

강력한 질문은 대상자로 하여금 잠시 멈추고 깊이 생각하게 만
든다. 깊은 자기 성찰로 이끄는 것이다. 여러분 각자가 좋은 질문
을 만들 수 있도록 몇 가지 예를 더 제시하고자 한다.

- "그 일이 실패할 경우 장차 새롭게 어떤 일을 시도하는 데 어떤 영향
  을 미칠 것 같습니까?"

- "다음 단계로 나아가려면 개인 성장에 있어서 어떤 변화가 필요하다

고 생각하나요?"

- "다른 사람의 인생에 영향을 주는 삶을 살기 위해 꿈꾸는 것이 있습니까?"
- "이번 일을 다시 시도한다면 자신의 인생에 어떤 변화가 있을까요?"
- "이번 문제를 해결하려면 어떤 행동을 취해야 할까요?"

상대가 이런 종류의 질문에 대답하기 시작했다는 것은 코치 입장에서 볼 때 '금광맥'을 발견한 셈이다. 이전에는 미처 파볼 엄두도 내지 못한 부분을 꺼내놓기 시작한 것이기 때문이다. 그리고 헤어질 때면 이런 인사를 듣게 될 것이다. "정말 감사합니다! 덕분에 새로운 깨달음의 문이 열린 것 같아요! 한번도 가보지 못한 전혀 새로운 곳으로 저를 인도해주셨어요!" 사람들의 이런 말이 놀라울 수도 있고, '난 별로 한 게 없는데' 하는 생각이 들 수도 있다. 하지만 사실 굉장한 일을 했다. 들어주고 골똘히 생각하면서 열린 질문과 강력한 질문을 던지지 않았는가! 이래서 코칭은 참으로 흥분되는 일이다.

여기서 다음 주제로 이어진다. 강력한 질문을 던진 후에 우리는 사람들이 자신의 목표와 계획, 하나님이 주신 꿈을 발견하고 풀어낼 수 있도록 도와주는 데까지 나아가야 한다.

꿈을 분별하고 장애물 뛰어넘기

하나님이 주신 꿈이 드러나고 변화가 일어날 때 반드시 필요한 것이 긍정의 말이다. 코칭 대상자가 품은 하나님의 꿈을 확언해줄 때 필요한 것은 절제와 믿음, 귀를 기울이는 성숙함, 강력한 질문, 그리고 아직 눈앞에 보이지 않는 꿈을 인정해주는 일이다.

지난 몇 년간 '하나님이 주시는 꿈'에 관련된 이야기를 꺼낼 때마다 두 가지 반응이 나타났다. 내가 원하는 방향과 완전히 다른 것이었다. 어떤 이들은 하나님의 꿈이라는 주제 자체를 인정하지 않았다. 내가 환상을 좇고 있다고 생각했다. 또 다른 극단적인 반응은 내가 신비한 꿈의 세계를 예언한다고 보았다. 성경에서는 주요 인물들의 주의를 끌기 위해 하나님이 꿈을 사용하시긴 하지만 내가 말하는 꿈은 그게 아니다.

하나님이 주신 꿈과 환상을 구별하는 기준이 있다. 환상에는 믿음이 필요 없지만 하나님의 꿈에는 믿음이 필요하다!

거듭나서 성령으로 충만하게 되면 하나님의 꿈이 역동적으로 깨어나 모양을 갖추기 시작한다. 꿈에 가까이 다가갈수록 심령 속의 어떤 것이 꿈틀거리고 이해할 수 없는 평안함으로 하나님의 뜻을 향해 나아간다. 믿음으로 품게 되는 하나님의 꿈과 환상의 차이를 분별하는 데 도움이 될 몇 가지 지침을 제시해보면 다음과 같다.

- 하나님의 꿈은 성경 말씀에 위배되지 않는다.
- 하나님의 꿈은 세상의 지혜와 어긋나더라도 우리의 삶에 평안을 가져온다.
- 하나님의 꿈은 시험과 분별의 시간을 잘 견뎌낼 수 있게 한다.
- 하나님의 꿈은 자신에게만 몰두하도록 두지 않는다. 그것을 통해 다른 사람을 돕는다.
- 하나님의 꿈은 이뤄지기까지 시간이 걸린다.
- 하나님의 꿈을 이끌어내려면 하나님의 능력이 필요하다.

스스로의 힘으로 이런 것들을 끌어낼 수 있다면 하나님의 꿈이 아닐 수도 있다. 다음을 명심하자.

- 하나님의 꿈이 있으면, 꿈이 실현되는 것을 방해하고 억누르기 위해 원수가 불같이 덤벼들기 마련이다.

- 하나님의 꿈이 이루어지는 과정에는 순풍과 역풍의 시기가 있다.
- 그러므로 하나님의 꿈을 위해서는 하나님의 지혜가 필요하다. 그것이 위험한 구덩이 사이를 비켜가고 고난을 이겨내게 한다.

사람들 안에 있는 잠재력을 캐내는 코치의 역할을 하면서 내게 도움이 되었던 지침을 소개했다. 이 지침들은 새로운 사역을 시작하고 교회를 개척하며, 하나님이 주신 꿈을 위해 도전하는 이들에게 아주 좋은 출발점이 될 것이다.

모든 일은 사람의 마음속 비전에서 시작된다. 지금 우리가 입고 있는 옷과 손에 들고 있는 휴대전화, 손목에 찬 시계, 생활하는 건물은 모두 어느 시기, 누군가의 마음에서 시작된 결과물이다. 요셉에게는 많은 이들의 생명을 주관하는 위대한 지도자가 될 거라는 하나님의 꿈이 있었다. 모세에게는 이스라엘 민족을 자유케 하여 하나님이 원하시는 국가로 서게 되는 하나님의 꿈이 있었고 바울에게는 이방인들이 하나님 나라에 들어가게 되는 하나님의 꿈이 있었다.

이처럼 하나님이 주신 꿈에는 시의적절하면서도 영원불변한 중요성이 있다. 그 꿈이 하나님 나라 확장으로 이어질 때, 하나님은 평범한 사람을 사용하셔서 구원받지 못한 이들을 건져내신다.

복음이 전파될 때 원수는 우리를 가로막기 위해 안간힘을 다 쓴다. 의도는 선하지만 성경적이지 않은 비전을 부여하려고 애쓰는 지도자들을 본 적도 있다. 아마도 성공적인 사역 모습을 보고서 똑같이 따라하도록 했던 것 같다. 문화도 다르고 처한 환경도 다른데 말이다. 또한 사역을 시도했다가 실패하면 뒤로 물러나 다시는 위대한 일을 시도조차 않는 사람들도 있다.

하지만 성경적인 코칭을 하면, 실패하더라도 그 결과에서 교훈을 얻도록 할 수 있다. 존 맥스웰이 말했듯이, '실패해도 전진하는 법'을 배우도록 하는 것이다. 그리고 도전 과제를 통해 성장하고 성숙해 가며 하나님이 원하시는 모습으로 변화되도록 도울 수도 있다.

사람들 안에 있는 마음의 꿈이 현실로 드러나도록 하는 데 도움이 될 만한 질문은 무엇일까? 이 분야에서 멘토로 섬기고 있는 더그 파이크가 제시한 몇 가지 질문을 살펴보자.

- 인생의 여러 순간이 하나로 수렴되는 듯한 시기가 있었는가?
- 그 시기에 어떤 일이 일어났는가?

- 자신의 모습이 형성되는 데에 긍정적인 영향이나 부정적인 영향을 끼친 환경은 무엇인가?
- 당신 마음속의 절실한 필요(환경, 상황, 사람 등)는 무엇인가?
- 다른 사람이 나를 보면서 확증해준 바는 무엇인가?
- 당신의 타고난 은사는 무엇인가?
- 어떤 부르심을 받았다고 생각하는가?
- 하나님이 내 인생의 가야 할 길이라고 말씀하신 곳이 있는가?

코칭 대상자들은 이런 질문을 통해 하나님이 주신 꿈과 소명, 그리고 인생의 목적을 올바른 방향으로 가리키는 열쇠를 발견하기 시작한다. 그래서 코칭은 참으로 신 나고 보람 있는 일이다.

사명으로 시작하는 섬김

몇 년 전 어느 교회의 지도자 팀에 있다가 명확한 부르심을 받고 밑바닥부터 교회를 개척하기 시작한 커트를 만났다. 그는 그동안 보조 사역 경험은 있지만 지도자 자리에서 교회 개척은 해본 적이 없었다. 그러나 몇 년간 마음속에 키워 온 하나님의 꿈을 따라 움직여야 하는 상황에 있었으므로 더 정신을 바짝 차려야 했다.

기다리던 아기를 만나는 것처럼 하나님의 꿈을 실제로 이루고자 할 때도 비슷한 설렘과 난감함을 느낀다. 더는 이론도 상상도 아닌 실제 상황을 경험하는 것이다. 바로 노련한 코치가 필요한 순간이다.

내가 커트에게 했던 일이 바로 그것이었다. 나는 새로 태어난 교회가 어떤 모습이기를 원하는지 구체적으로 말해달라는 질문으로 시작했다. "형제님, 아무런 장애물이 없다고 생각하고 이 교회를 세운다면 앞으로 5년, 10년, 15년 뒤에는 어떤 모습이 될 것 같습니까? 이 교회에 다니는 성도는 어떤 사람들일까요? 연령대는 어떻게 됩니까? 어린이와 청소년도 있습니까? 예배는 어떤 식으로 드리지요? 이 교회만이 지닌 특별한 사역은 무엇입니까?" 직접 만나거나 전화로 몇 달 동안 이런 식의 질문으로 대화를 이어갔다.

그의 마음속에 있던 교회에 관해 이야기를 나누면서 그의 눈빛이 반짝이는 것을 보니 무척 기분이 좋았다. 그가 내 질문에 대답할 때, 나도 그 교회를 떠올리며 기대감에 벅찼다. 커트가 교회에 관해 더욱 자세히 설명하고 하나님이 하실 일에 대해서 나누는 동안, 나는 계속 기록하면서 더 많은 질문을 던졌다.

여름 날 나무 그늘에서 차 문을 활짝 열어놓고 함께 이야기를 나눌 때, 그가 설명하던 그 모습 그대로 지금 커트의 교회는 생기 있고 활발하게 성장하고 있다. 나는 커트가 하나님이 주신 꿈을 따라 길을 가고 있다고 힘주어 말할 수 있다. 장로와 사역자들로 구성된 건강한 팀이 있으며, 어린이와 어른을 대상으로 전도하려던 꿈대로 교회의 모습이 갖춰가고 있고, 국내뿐 아니라 국외까지 사역을 넓히고 있다.

코칭에 대한 나의 열정은 개인적으로 내 삶에 변화를 안겨다 준 몇몇 코치들에게서 비롯되었다. 그때 나는 내 인생에서 가장 어려운 시간을 통과하면서 무척이나 외롭고 고독한 시절을 보내고 있었다. 당시 나는 사역을 포기할까 생각하기도 했는데 코치인 벤 왕은 계속 나를 찾아와 강력한 질문을 던지며 '계속 앞으로 나아가라.'는 도전을 주었다.

한번은 그가 '코칭 수업'을 하자며 내게 전화를 했는데 한 시간이 넘도록 계속 이야기가 이어졌다. 통화가 마무리될 즈음, 나는 벤에게 어디서 전화하느냐고 물었다. 그랬더니 "여기 홍콩인데요." 하는 것이었다. 지구 반대편에서 나를 코치하고 있다는 사실에 나는 충격을 받았다. 이때만 해도 인터넷에서 무료 음성 통화를 할 수 있는 프로그램이나 인터넷 전화가 없었다. 그때 벤이 했던 말이 지금도 잊히지 않는다. "이까짓 전화비보다 형제님이 더 중요하니까요." 그날의 대화가 내 인생을 바꿨다. 그때부터 나는 다시 정신을 차리기 시작했다. 오늘날 내가 이렇게 건강한 상태로 지내는 것은 사실 벤의 코칭 덕분이다.

당신도 할 수 있다!

여기까지 읽고 여러분의 마음 가운데 "나도 코칭할 수 있다!"는 생각을 갖게 되었는가? 여기서 배운 '꿈 코칭 법'을 여러 코칭 방법 중 하나로 사용해주기를 바란다. 또 오늘 당장 코칭을 시작하더라도 바로 쓸 수 있는 기본적인 몇 가지 방법을 살펴보았는데, 이것은 겨우 작은 발걸음에 불과하다. 이제 다음 장으로 넘어가면 조엘 코미스키와 벤 왕의 또 다른 코칭 방법이 소개될 것이다. 여러분에게 계속 새로운 발견으로 다가오길 바란다.

2

본질에 초점을 맞추라

YOU CAN COACH

목회자와 교회에 필요한 것은 교회의 가치와 본질을 깨닫고 이를 우선적인 변화 목표로 삼는 것이다. 그 본질을 자신의 삶에 먼저 이행한 후, 교회 생활에서 실행해야 한다.

그리스도의 지휘에 따라 온몸이 서로 완전히 어울려서
각 지체는 각기 다른 지체를 도와야 합니다. _엡 4:16 (현대어성경)

한 대형 교회 목회자가 있다. 그는 다른 교회 목회자들이 자기 교회의 경험을 배워서 '성공적인' 목회자가 되는 것을 돕기로 결심했다. 많은 목회자들은 성공적인 목회자가 되고 싶어 그 교회로 몰려들었다.

그곳에서는 대부분 세미나와 회의를 통해 대형 교회가 제작한 자료로 코칭을 했고, 큰 교회가 되는 방법을 알려주면서 그렇게 되려면 똑같은 방식으로 해야 한다고 가르쳤다. 결국 '성공적인' 대형 교회의 도움을 받은 교회들은 서로 배경이 다 다르지만 똑같은 본보기를 따르려고 애쓰게 되었다.

대형 교회의 목회자는 자신의 코칭 철학을 '맥도날드 체인점 방식'으로 설명했다. 맥도날드 체인점을 내려면 새로운 가맹주는 예외 없이 맥도날드의 방식으로 훈련을 받아야 하는 것처럼 코칭도 이와 같이 된다면 성공적일 거라는 이야기였다.

여기에 문제가 있었다. 많은 목회자들이 대형 교회의 본보기를 그대로 따르려고 애썼지만 성공을 한 교회는 아주 소수였다. 사실상, 특정 교회의 본보기를 그대로 따라 하기란 무척이나 힘든 일이다. 무작정 주어진 예를 똑같이 따라 하다 보면 근본적인 문제점이 나타난다.

- 전 세계 교회의 80퍼센트가 교인 100명 이하인 소형 교회다. 작은 교회는 대형 교회 방식을 그대로 따라 하기 쉽지 않다. 둘은 서로 다르기 때문이다.

- 큰 교회를 무작정 따르려면, 그 본보기가 세계 어디서나 통하는 방식이어야 한다. 하지만 대형 교회는 그저 특정 지역이나 나라의 문화에 큰 영향을 받는다. 선교에 있어서 핵심은 상황화와 현지화이기 때문에 각 문화적 상황에 맞게 적절히 바꿀 필요가 있다.

- 사람들은 매우 다르고 독특하다. 누구에게 효과가 있다고 해서 다른 사람에게도 똑같은 효과가 있을 수는 없다. 남을 똑같이 따라한다는

건 독특한 개별성을 억압하는 일이다.

좋은 본을 보여주는 대형 교회에서 배울 만한 것이 없다고 말하려는 게 아니다. 이들을 통해 놀라운 일을 행하신 하나님을 우리는 찬양한다. 그렇지만 그 전례를 그대로 따라해야 하는 건 아니다. 성공적인 사역을 뒷받침하는 원칙을 따라야지 그 교회를 그대로 따르려 해서는 안 된다.

우리는 무작정 한 교회의 본보기를 따르기보다는 여러 교회의 공통적인 모범 원칙을 찾아야 한다. 그 원칙이 공통적이고 일반적인지, 성경의 주요 가르침을 잘 따르고 있는지에 대한 질문도 반드시 해봐야 한다.[1] 한 가지 유형을 그대로 모방하는 것이 힘든 이유는 한 지역에서 실행된 방법이 다른 지역에서는 달라질 수 있기 때문이다. 대도시에서 성공했다고 농촌 지역에서도 성공하리라는 보장은 없다. 나라도 다르고 지역과 문화도 다르다. 심지어 교회마다도 그 문화가 다르다. 게다가 역사가 긴 교회라면 이미 형성된 문화를 바꾸기가 힘들다. 본보기가 되는 교회들 대다수가 대형 교회고, 이들은 큰 교회에 알맞은 유형을 따라 발전해왔다. 그렇지만 변화를 원하는 교회는 대부분 작은 교회들이다. 대형 교회의 본보기를 50명밖에 안 되는 교회에서 성공적으로 이행할 수는 없다.

내(벤 왕)가 아는 사역자인 솔로몬 목사의 예를 들어보겠다. 그는 80명이 출석하는 교회의 목사이고 5, 6년 동안 소그룹을 운영해왔다. 교인의 약 70퍼센트가 소그룹에 참여하고 있었고, 그밖에 교인들은 수년 동안 수요일 성경 공부와 기도 모임도 해오고 있었다.

그러던 중 어느 날 문득 자신이 교인들과 아무런 교제를 하고 있지 않다는 것을 발견했다. 그는 철저히 '일 중심적인' 목회자였다. 책임감 강한 아시아인 목사로서 필요하다 싶은 일에는 엄청나게 매진했지만 정작 교인들과는 관계를 소홀히 했다.[2] 그는 자신이 소그룹 교회의 구조와 활동에 매인 나머지 정작 소그룹 교회의 본질과 가치를 놓치고 있었음을 깨달았다.

그가 결단하고 관계를 세우는 데 매진하자, 짧은 시간에 교회 전체에 놀라운 변화와 축복이 임했다. 그 스스로도 행복한 목회자가 된 것은 물론이다.

목회자와 교회에 필요한 것은 교회의 가치와 본질을 깨닫고 이를 우선적인 변화 목표로 삼는 것이다. 그 본질을 자신의 삶에 먼저 이해한 후, 교회 생활에서 실행해야 한다. 여기가 바로 코칭이 가장 필요한 영역이다. 사람들의 삶 속에 진정한 원리를 전달해주는 훈련을 받지 못했기 때문에 하나의 본보기를 세워놓고 모방하려고 애를 쓰는 리더가 많은 것이다. 성도 한 사람 한 사람의 삶과 교회 생활 자체를 변화시킬 원리를 실행하려면 그 본질을 알고 그 속으로 들어가야 한다.

교회의 7가지 본질

2000년도 인도네시아에서는 교회들이 맞닥뜨리고 있는 현안에 관해 논의하는 회의가 열렸다. 35개 이상의 나라에서 온 300명 이상의 목회자들이 여기에 참여했다. 특히 교회의 본보기에 관한 문제를 논의했을 때는, 교회의 모범적인 형태를 놓고서 의견이 분분했다. 모든 교회가 어떠한 형태를 따라야 한다는 요구 때문이었는데 일부 사람들은 다른 목회자들에게 그 특정 형태를 따를지 말지를 강요하는 분위기였다.[3] 꼭 신약 성경에 나오는 사람들처럼 "나는 바울을 따른다." "나는 아볼로를 따른다."는 식으로 매우 분란했다(고전 3:4).

그때 나는 이렇게 제안했다. 특정 형태에만 초점을 두지 말고 오히려 다양한 본보기가 있음을 감사하자고 말이다. 놀라운 역사가 일어난 교회들에 대해서는 이를 존중하고 배우자고 했다. 그리고 형태를 강조하기보다는 우리 전체가 동의할 만한 본질이 무엇인지 정하자고 했다.

나를 포함하여 많은 이들이 공통점을 발견할 가능성을 그리 높게 보지 않았지만 일단 모두가 이에 동의했다. 그런데 놀랍게도 우리 모두가 합의하는 가운데 7가지 원칙을 찾아낼 수 있었다. 그래서 지난 10년 동안 나는 세계 여러 나라를 방문하며 수백 명의 목회자들에게 그 7가지 본질을 나누었고, 모두 그 원칙에 동의하기에 이르렀다. 그들은 대부분 정통 교회, 소그룹 교회, G12교회, 가정교회 등 다양한 형태의 교회에서 목회하는 분들이다.

나는 그 7가지가 절대적이고 권위 있는 원칙이라는 말을 하려는 것이 아니다. 하지만 목회자들은 일반적으로 그 원칙에 동의했고, 그렇게 목회를 할 때 확신이 생긴다고 하였다.

목회자들을 대상으로 코칭할 때는 몇몇 교회의 형태를 그대로 따라하는 데 중점을 두기보다는 본질에 초점을 두어야 한다는 것이 강조점이다.[4] 본질에 초점을 두게 되면 목회자의 삶이나 교인들의 삶이 더욱 바람직하게 변화되는 놀라운 일이 생긴다. 그리고 한 가지 유형에만 목을 매거나, 교회의 여러 모습을 보며 산만해지지 않는다. 본질을 지키면 더욱 창조적으로 사역할 수 있다!

나는 이 내용을 코칭 네트워크 안의 소규모 세미나에서 사용하고 있으며, 참석한 목회자들 대부분이 그 내용에 수긍하고 있다.[5] 목회자들이 이 원리를 잘 이해하고 교회에서 실행할 때에 도움을 주는 것이 나의 코칭 철학이다.

첫째 본질 : 관계

오늘날 사람들은 교회를 생각할 때 교회 건물을 떠올리는 경우가 많다. 주일 아침 길에서 만난 사람이 "어디 가세요?" 하고 물으면 우리는 보통 "교회 갑니다."라고 대답한다. 그런데 이것은 사실 틀린 표현이다. 우리는 교회에 갈 수 없다. 교회는 조직도 협회도 건물도 심지어 예배도 아니다. 교회는 하나님의 사람들이다! 성경에 '교회에 간다' 는 표현이 있는가? 신약에서는 하나님의 사람들을 칭할 때 '에클레시아'[6]라는 단어를 쓴다. 건물을 지칭하는 단어가 아니다. 우리가 있는 곳이 교회가 되어야 한다. 우리가 집에 있다면 그곳이 교회인 셈이고, 직장에 있다면 그곳이 곧 교회인 것이다.

나는 교회를 이해하기 위해 에베소서를 여러 번 공부했다. 그리고 에베소서가 관계와 사랑, 하나 됨에 관한 책임을 알게 되었다. 신약 성경에서는 교회에 대해 언급할 때 관계와 사랑과 하나 됨을 강조한다. 에베소서 2장 14절에서 15절을 보자.

> 그리스도는 우리의 평화이십니다. 그리스도께서는 유대 사람과 이방 사람이 양쪽으로 갈라져 있는 것을 하나로 만드신 분이십니다. 그분은 유대 사람과 이방 사람 사이를 가르는 담을 자기 몸으로 허무셔서, 원수된 것을 없애시고, 여러 가지 조문으로 된 계명의 율법을 폐하셨습니다. 그분은 이 둘을 자기 안에서 하나의 새 사람으로 만들어서 평화를 이루시고 (엡 2:14-15, 새번역).

예수님은 각 사람의 구원을 위해 돌아가신 것이 아니라 새로운 인간, 새로운 사회, 벽이나 적대감 없는 하나를 만들기 위해 죽으셨다. 인간은 완전히 하나로 연합되었다. 그렇다면 새로운 인간은 대체 누구인가? 바로 교회다! 사실 교회는 하나 됨을 뜻한다. 교회는 하나님이 계획하신 인간의 본래 모습, 즉 사랑하고 하나 되는 공동체를 보여주는 살아 있는 본보기다.

- 우리는 하나님 가족의 구성원이다. (엡 2:19)

- 우리는 하나님의 성전이 되기 위해 모였다. (엡 2:21)

- 우리는 하나님이 거하시는 곳이 되기 위해 하나로 세움 받았다. (엡 2:22)

에베소서 4장 3절은 "평안의 매는 줄로 성령이 하나 되게 하신 것을 힘써 지키라."고 분명히 말씀한다. 우리가 할 일은 '힘써 지키는 것'이다. 이 말은 '그 일을 위해 모든 에너지를 다 쏟는 것'을 말한다. 에베소서는 하나 됨에 대해 7가지를 언급하고 있다.

- 한 몸

- 한 성령

- 한 소망

- 한 주

- 한 믿음

- 한 세례

- 한 아버지, 한 하나님

그리고 사랑과 하나 됨으로 살아야 하는 기본적인 관계가 무엇인지 3가지 예를 든다.

- 남편과 아내 (엡 5:22-33)

- 부모와 자녀 (엡 6:1-4)

- 고용인와 피고용인 (엡 6:5-9)

이 세 관계는 사람들의 일상생활 전반에 걸쳐 있다. 그렇지만 교회는 사역에서 이것을 그다지 중요한 영역으로 보지 않았다. 좋은 아버지와 남편이 되는 것과 교회 안에서 하나님을 섬기는 것과는 구분해서 생각해왔다.

하지만 교회 생활은 교회 건물 안에서만 한정되지 않다는 사실을 기억하는 게 중요하다. 사실 초대 교회는 건물 자체가 없었다. 초대 교회 당시 기독교는 성스러운 물건이나 성인이나 성지를 보유하지 않은 지구상 유일한 종교였다. 유대인들에게는 회당이 있었고 이교도들에게는 신전이 있었지만, 초대 그리스도인들은 예배를 위해 성스러운 건물을 짓지 않았다. 대신 가정과 공터, 길가에서 신앙 생활을 했다. 교회 생활과 신앙 생활은 주일 예배 활동에만 국한되지 않았다.

신약 성경에는 오늘날 우리가 드리는 주일 예배의 모습을 눈 씻고 찾아봐도 볼 수가 없다. 교회는 이전처럼 사람과 관계에 관심을 기울여야 한다. 교회를 본래의 모습으로 하루바삐 돌려놓아야 한다.

일본과 홍콩 코칭 네트워크에 참석했던 많은 목회자들이 변화되었다. 특히 가정에 엄청난 영향력을 끼쳤다. 일본 코칭 네트워크에서 코치로 있는 제레미 목사의 경우, 코칭 네트워크에 가입하고 자신의 결혼 생활에도 많은 변화가 생겼다.

그는 그동안 가정에 너무 소홀했던 터라 아내와의 관계가 끝나기 직전이었다고 한다. 가정의 소중함을 새롭게 깨달은 뒤 그는 이를 위해 노력했고 가정은 몰라보게 달라졌다. 그의 아내는 남편이 교회의 새로운 본질을 깨닫게 되면서 결혼 생활에서 희망을 찾았다고 말했다. 또 다른 목회자도 이렇게 고백했다. "40년 동안 사역을 해왔지만 내 인생에 있어서 가정을 한 번도 우선순위에 둔 적이 없었습니다. 이러한 본질을 깨닫고 나니 삶이 새로워졌습니다."

둘째 본질 : 참여

교회의 첫째 본질이 가정과 일터에서의 관계라면, 둘째 본질은 그리스도인이 각자 자리에서 맡은 일을 하면서 하나님의 교회에 참여하는 것을 말한다.

그런데 모든 사람이 참여하려면, 교회 건물이나 교회 활동으로만 모여서는 안 된다. 세계 곳곳, 예수께서 말씀하신 곳에서 그 참여가 이루어져야 한다. 예수께서는 우리가 세상의 빛이라고 하셨다. 세상의 어두운 곳에 다가가 그 현장에 '참여' 해야 한다.

구체적으로 교회는 이 세상에 하나님의 나라를 임하게 해야 한다. 예수님은 제자들을 세상에 파송하는 방법으로 훈련시키셨다. "아버지께서 나를 보내신 것 같이 나도 너희를 보내노라"(요 20:21). 우리는 하나님의 빛을 세상에 비추기 위해 모이는 것이다. 우리가 하나님 나라 백성으로서 참여해야 할 곳은 바로 이 세상이다.

그렇다면 우리는 어떤 마음으로 세상에 참여해야 할까? 예수님은 하나님의 뜻이 자신의 삶 가운데 이루어지도록 기도하라고 가르치셨다. 스스로 그리스도의 제자라고 고백하는 사람이라면 반드시 예수님이 걸어가신 길을 따라가야 한다. 그리고 예수님을 따르는 것은 예수님이 원하시는 모습이 되고, 예수님이 원하는 일을 한다는 의미이다.

사탄은 모든 게 다 '자기' 에 관한 것이다. 사탄의 주된 속임수는 우리를 자기중심적으로 만드는 것이다. 그러나 하나님이 주신 삶은 자기를 희생하고 주는 삶이다. 예수께서도 "주는 것이 받는 것보다 복이 있다."(행 20:35)라고 말씀하셨다. 이는 하나님이 우리를 위해 계획하신 삶의 방식이다.

예수님은 우리에게 섬기는 삶, 자기 생명을 내어주는 삶의 모범을 보이셨다. "인자가 온 곳은 섬김을 받으려 함이 아니라 도리어 섬기려 하고 자기 목숨을 많은 사람의 대속물로 주려 함이니라"(마 20:28). 그래서 예수께서는 그를 따르고자 하는 사람은 반드시 자기를 부인하고 십자가를 져야 한다고 말씀하신다. 우리는 남에게 주는 삶을 살도록 부르심 받았다. 풍성한 삶을 얻기 위해 먼저 자신의 생명을 버려야 하는 것이 하나님의 경제 법칙이다(눅 9:23-24).

코칭 네트워크에 함께하는 많은 교회들은 하나님의 뜻에 '참여'하는 것의 본질을 깨닫기 시작하면서 더욱 외향적으로 바뀌었다. 지금까지 일본 교회들은 무척이나 내부 지향적이었다. 새신자들 대다수는 교회로 오는 것을 꺼려 했다. 그래서 사람들을 교회로 데려오기보다는 교회가 사람들에게 다가가는 일을 고민하기 시작했다. 어떤 목사님과 교인들은 마약 중독자였던 사람들이 서로 도와 중독 재발을 막는 요양 시설에 갔다. 그곳에는 26명의 남성들이 함께 살고 있었고, 그 중 일부는 벌써 몇 년째 머무는 중이었다. 환자들은 AA모임(알코올 중독자 자활 모임)과 유사한 12단계를 밟는데, 그 중 2번째 단계가 '높은 존재'에 의존하기였다. 감사하게도 그곳에서 두 사람이 하나님을 만나 예수와 교회 안에서 새로운 소망을 찾아가는 중이었다. 그때 거기서 '작은 교회'를 시작하면 좋겠다는 의견들이 교인들 사이에 일어났다.

지금 이 교회는 향후 5년 동안 10개의 '작은 교회' 개척을 시작하려는 비전을 꿈꾸고 있다. 일본 교회 안에 이런 일이 있다니 놀라울 따름이다. 교인들은 새로운 비전에 무척이나 흥분하고 있다. 이들은 그동안 하나님께서 원하시는 일을 행할 수 있게 계속 기도해왔다. 일단 새로운 비전이 시작되었으니 교회 개척 목표는 이미 이루어진 셈이다.[7]

이 교회에서 일어난 또 다른 획기적인 사건이 있다. 교회의 담임 목사가 코칭에 대한 비전에 완전히 사로잡혀서, 교회를 새로운 목회자에게 넘겨준 것이었다! 일본에서는 거의 일어나지 않는 일이다. 일반적으로 일본에서는 담임 목회자가 제대로 사역하기 어려울 때까지 계속 목회를 한다. 그런데 이분은 교회를 젊은 목회자에게 넘겨주었고 그로 인해 교회는 진취적으로 변했다. 교회의 기질 자체가 내부 지향적 교회에서 모든 교인이 참여하여 외부로 향하는 교회로 바뀐 것이다. 교인들도 마찬가지로 자신들이 있는 자리에 하나님 나라가 임하는 것을 보기 위해 앞장서고 있다.

셋째 본질 : 능력

이렇게 교인들이 모두 함께 참여할 때 그들에게는 주님이 주시는 능력이 임한다. 사람들은 보통 자기 것을 내어놓지 않는다. 교회에 가서도 다른 사람들이 나를 위해 뭔가를 내어놓기를 기대한다. 심지어 하나님까지 그런 방식으로 이용하려 든다.

요즘에는 예수님을 안다고 하는 사람들도 대부분 소비적인 삶에 머물고 만다. 많은 교회들도 소비적으로 변했다. 즉 교인들이 원하는 대로 서비스를 제공하지만, 교인들이 직접 나누는 자가 되도록 능력을 주지는 못하는 것이다. 교인들 대부분이 목회자를 교회의 크고 작은 일을 처리하고 교회 사역을 하기 위해 고용된 사람처럼 대한다.

사실상 교인들은 모두 참여자가 되어야 하며, 목회자와 지도자들은 이들이 자기 사역을 잘 감당할 수 있도록 준비시키고 돕는 역할을 해야 한다. 크리스티안 슈바르츠는 다음과 같이 말했다.

성장하는 교회의 지도자들은 그리스도인들 각자가 사역을 감당할 능력을 받도록 힘쓴다. 평신도들을 보조 사역자 정도로 보는 대신, 그들 안에 하나님이 두신 영적 잠재력을 사용하도록 돕는다. 목회자들은 평신도들이 하나님의 계획하신 모습으로 바뀌어가도록 이들을 준비시키고 지원하고 동기를 부여하며 멘토 역할을 감당한다. 리더는 산재한 교회 일을 직접 감당하기보다는 교인들을 제자 훈련하고 사역을 위임하고 배가 시키는 일에 주력해야 한다. 그래야 그들이 쏟아부은 에너지가 지속적으로 배가될 수 있다.[8]

에베소서는 모든 그리스도인들이 교제와 사랑과 하나 됨에 함께 참여해야 한다고 말한다. 그렇다면 지도자에 대해서는 어떻게 말하고 있을까?

그가 어떤 사람은 사도로, 어떤 사람은 선지자로, 어떤 사람은 복음 전하는 자로, 어떤 사람은 목사와 교사로 삼으셨으니 이는 성도를 온전하게 하여 봉사의 일을 하게 하며 그리스도의 몸을 세우려 하심이라 (엡 4:11-12).

이처럼 교회를 향한 하나님의 뜻은 모든 성도가 온전히 준비되어 여러 모습으로 교회를 바로 세우는 데 있다. 본문의 사도, 예언자 등의 직분은 서열을 의미하는 게 아니다. 이 말씀은 모든 성도가 그리스도의 몸을 이루는 데에 참여해야 한다는 점을 강조한다.

하나님의 자녀들이 그 일을 감당하기 위해서는 능력을 받아야 한다. 분명 하나님은 그리스도의 몸에 이 일을 감당할 사람들을 붙여주실 것이다. "그에게서 온 몸이 각 마디를 통하여 도움을 받음으로 연결되고 결합되어 각 지체의 분량대로 역사하여 그 몸을 자라게 하며 사랑 안에서 스스로 세우느니라"(엡 4:16).

이는 예수님이 행하신 방법이기도 하다. 예수님의 사역에 있어 가장 중요한 부분은 선택한 사람들을 훈련하는 일이었다. 예수님은 70여 명의 제자들이나 군중도 돌보셨지만 열두 제자들에게 집중하셨다. 십자가에 달리시기 전에도 열두 제자들을 위해 집중적으로 기도하셨다. 그들은 예수님의 평생 사역의 결과였다.

수많은 사람들을 위해 십자가에 달리셨지만 3년 반의 공생애 기간 동안은 특별히 이들 열두 제자에게 혼신을 다하셨다. 제자들을 향한 그의 가르침은 매우 분명했다. "가서 모든 족속으로 제자를 삼아라"(마 28:19). 가서 예수님이 제자에게 행한 그대로 행하라는 말씀이다.

여기서 능력에 대한 매우 중요한 핵심이 드러난다. 교인들을 교회 건물에 모으려고 애쓰지 말라는 점이다. 대다수 목회자들은 교회 안에 있는 성도들 훈련에 모든 노력을 기울인다. 그리고 훈련은 대부분 교회 건물 안에서 이루어진다. 물론 교회 안에서 강의를 듣는 것도 훈련에 속하지만 성도들은 인위적으로 만든 환경보다는 일상의 삶에서 능력을 체험하며 살아가도록 도와야 한다.

앞에서 일본 시코쿠의 코칭 네트워크에서 사역하는 매트 목사는 자기 교회가 가장 크게 바뀐 이유는 자신이 교회 사무실에서 보내는 시간을 줄였기 때문이라고 말한다. 전형적인 일본인 목사인 매튜는 그동안 교회 건물이나 교회 사무실에서 주로 많은 시간을 보냈다. 그런데 능력에 관한 원칙을 이해하면서, 그는 성도들이 예수님을 위해 살려면 하나님이 주시는 능력을 받아야 한다는 점을 깨닫게 되었다. 그래서 그는 몇 명의 대상자들을 선택한 뒤 이들의 일터를 찾아가 예수 그리스도를 위한 삶을 살도록 도왔다.

현재 이들 성도들은 자신의 일터에서 큰 변화를 경험하고 있다.

매트 목사는 목회자로서 지금의 생활이 훨씬 의미 있다고 고백한다. 이제는 교회가 지역 사회에 영향을 끼치는 통로가 되어가고 있기 때문이다.

넷째 본질 : 예수께 초점 맞추기

교회의 머리는 예수님이지 담임 목사가 아니라는 건 우리가 다 아는 사실이다. 그런데 교회에서 어떤 일이 일어날 때 교인들은 대부분 하나님보다는 목회자를 바라본다. 교회가 예수님이 아닌 목회자에게 의존하고 있음을 단적으로 보여주는 사례다.

만약 예수께서 우리 교회를 떠나가시면 교회가 어떻게 달라질까? 우리의 삶이 지속될 수 있을까? 우리는 어떻게 예수께만 의지하는 교회가 될 수 있을까? 예수님 없이 아무 것도 할 수 없다는 말은 무엇을 의미하는가?

사실 자신의 지혜와 자원으로는 아무 것도 할 수 없을 때가 예수님께만 의지할 수 있는 최적의 시간이다. 한계 상황에 있는 자는 복이 있다. 자신의 힘으로 할 수 없을 때 하나님의 통치가 더욱 강하게 드러난다. "벼랑 끝에 서 있는 너희는 복이 있다. 너희가 작아질수록 하나님과 그분의 다스림은 커진다"(마 5:3, 메시지).

산상보훈에서 가장 처음 언급하신 말이다. 얼마나 위대한 선언인가! 대부분 사람들은 진퇴양난의 상황을 나쁜 것으로 보지만 하나님의 나라에서는 이와 다르다. 내가 약할 때 하나님의 강함이 드러난다. 그래서 교회는 고난과 시련을 피해 달아나서는 안 된다. 오히려 고난과 함께 더욱 예수께만 의지해야 한다.

이것을 너희에게 이르는 것은 너희로 내 안에서 평안을 누리게 하려 함이라 세상에서는 너희가 환난을 당하나 담대하라 내가 세상을 이기었노라 (요 16:33).

고난은 정상적인 그리스도인의 삶이다. 문제를 물리쳐야 할 적으로 보지 말고 친구처럼 맞이하라. 하나님이 내가 처한 상황보다 훨씬 크신 분임을 경험하게 되면 더욱 견고한 삶을 살 수 있고 두려움도 사라진다.

나의 형제자매 여러분, 여러분이 여러 가지 시험에 빠질 때에, 그것을 더할 나위 없는 기쁨으로 생각하십시오. 여러분은 믿음의 시련이 인내를 낳는다는 것을 알고 있습니다. 여러분은 인내력을 충분히 발

휘하여, 조금도 부족함이 없이 완전하고 성숙한 사람이 되십시오 (약

1:2-4, 새번역).

야고보 사도의 말이다. 이를 달리 표현하면 항상 쉬운 길로 가려고 하지 말라는 것이다. 실현 가능한 일, 쉬운 일에만 뛰어들지 말라는 뜻이다. 하나님은 우리를 더욱 강하게 만들기 위해 종종 우리의 삶에 고통을 허락하신다.

여기서 핵심은 '예수님이라면 어떻게 하실 것인가?' 이다. '예수께 초점을 둔다.' 는 말 역시 예수님을 본보기로 삼고 따름을 의미한다. 예수께서는 이 세상이 하는 방식, 우리가 배운 방식과는 전혀 달리 행하셨을 것이다. 교회는 세상보다 예수님을 따르는 데 초점을 두어야 한다는 점을 기억하자.

- 예수께서는 나약한 패배자인 열두 제자들에게 교회의 앞날을 맡기셨다. 그들은 고통과 박해가 두려워 숨었던 사람들이다. 우리라면 불완전한 사람들에게 사역을 맡길 수 있는가?
- 예수께서는 제자들을 보내실 때, 지갑을 가져 가지 말고 쓸 것을 채우시는 하나님께 모든 것을 구하라고 말씀하셨다. 우리는 수중에 돈이

없는 상태에서 사역을 감행할 수 있는가?

- 예수께서는 제자들을 위험한 상황으로 내보내셨다. 폭풍우 한가운데로 배를 타고 가게 하시고, 사람들의 박해를 받을지도 모르는 사명을 주어 보내기도 하셨다. 우리는 위험과 희생이 기다리는 벼랑 끝에 감히 설 수 있는가?

- 예수께서는 행하신 사역으로 인해 고통을 당하셨다. 앞으로 당할 고난을 알면서도 십자가를 향해 가셨다. 우리도 예수를 따르며 자기 십자가를 짊어질 수 있는가?

- 예수께서는 올바르지 못한 당대의 권위자들에게 대항하셨다. 우리도 그렇게 할 수 있는가?

- 예수께서는 인간이 할 수 없는 일을 하셨다. 병자를 고치셨고 귀신을 쫓아내셨다. 우리도 그분의 발자취를 따를 수 있는가?

마이클 프로스트와 앨런 허쉬는 《세상을 바꾸는 작은 예수들》이란 책에서 예수님에게 초점을 맞추는 것에 대해 이렇게 말한다.

예수를 따르려면 그의 삶을 나의 삶으로 삼아야 한다. 우리는 이것을 '작은 예수'가 되는 것이라 부른다. 그렇다고 해서 우리가 물 위를 걷는다거나 온 세상의 죄를 위해 죽을 수 있다는 뜻은 아니다. 작은 예수가 된다는 것은 예수의 생애와 가르침을 자기 삶에서 구체화시켜 받아들인다는 의미이다. 약간의 빵 덩이와 물고기로 수천 명을 먹일 수 있는 분은 오직 예수님뿐이지만, 작은 예수인 우리는 섬김과 관대함의 가치를 받아들일 수 있다. 수많은 군중을 향해 설교는 할 수 없을지 모르나, 거짓을 향해 진리를 선포하는 일에 자신을 바칠 수는 있다. 누군가의 죄를 대신해 죽지는 못하지만 이타심, 희생, 고통을 수용할 수는 있다.[9]

교회는 성도들을 훈련시켜 머리되신 예수님의 말씀에 귀 기울이게 해야 한다. 우리가 할 수 있는 최선은 성도들이 예수님과 직접 연결될 수 있도록 돕는 것이다. 머리 되신 예수께서 우리에게 바라시는 바는 무엇인가? 우리가 처한 상황에서 예수님이라면 어떻게 행하실까?

다섯째 본질 : 전도와 성장

교회가 예수께 초점을 맞추려면 예수께서 관심을 가지신 일에 우리도 관심을 보여야 한다.

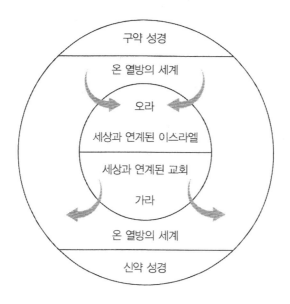

예수께서는 오직 한 가지 목적을 위해 이 땅에 오셨다. 교회를 세우신 이유도 단 하나였다. 그가 시작하신 일을 끝마치는 일, 즉 잃어버린 자들을 찾아 구원하시는 일이었다.[9]

신약 시대의 교회는 구약 시대의 교회와는 다르다(원형 도표 참조). 구약 시대에는 하나님의 임재가 예루살렘 성전의 지성소에 있었다. 온 열방은 여호와 하나님의 위대하심을 보기 위해 이스라엘로 찾아와야 했다.

예수께서 십자가에 죽으셨을 때 지성소와 성소 사이를 막고 있는 휘장이 둘로 찢겨졌고, 이제는 모든 곳에서 하나님의 임재를 누릴 수 있게 되었다. 우리가 하나님의 성전이므로 더 이상 성전은 없다. 교회의 주제도 '오라'에서 '가라'의 방식으로 바뀌었다. 부활 이후 예수께서 제자들에게 하신 말씀의 핵심도 "온 세상으로 가라!"였다.

이 지상 명령은 교회가 받은 대 사명의 핵심이다. 교회는 '오라'는 정신에서 탈피해야 한다. 신약시대에는 교회 건물이 없었다. 하지만 오늘날에는 많은 교회들이 여전히 예배드리러 예배당으로 '오라'는 구약의 방식을 고수하고 있다. 하나님이 우리 안에 거하시면서부터 어느 곳에서든 하나님을 예배할 수 있게 되었다. 성경은 두세 사람이 주님의 이름으로 모인 곳에 주님도 함께하시겠다고 말씀한다. 교회는 언제 어디서든 하나님의 백성들이다.

한번은 한국의 교회에서 교회의 본질에 대해 강의하고 있었는데 그 교회 목사님이 내게 말했다. "주일 아침에 설교하실 때 양복이랑 넥타이는 매지 않고 하셨으면 좋겠습니다. 대신 티셔츠를 입고 오시지요. 나도 티셔츠를 입고 통역을 할까 합니다. 우리 교회에서는 이제까지 한 번도 없었던 일이라 꽤 큰 충격이 될지도 모르지만 말입니다."

목사님은 예전에 사두었지만 한 번도 입지 못한 티셔츠를 내게 건넸다. 주일이 되어 나는 티셔츠를 입고 나타났고 그도 똑같은 옷으로 입었다. 강대상 앞에 서니 교인들은 하얀 티셔츠를 입은 두 사람을 뚫어져라 바라보았다. 티셔츠 입고 앞에 서니 이상하냐고 묻자, 성도들은 다들 입이 떡 벌어진 채 고개를 끄덕였다. 목사는 모든 성도들에게 뒤를 돌아보라고 했다. 거기에는 큰 글씨로 '교회에 다니지 말자.'라고 적혀 있었다. 다들 놀라 기절할 만한 내용이었다. 그런데 그 아래 조그만 글씨로 '교회가 되자!'라고 적혀 있었다. 그런 뒤에 나는 이 주제를 가지고 설교를 시작했다. "여러분은 어디를 가든 교회입니다. 그러니 교회가 됩시다!"

우리는 하나님을 사랑하고 이웃을 사랑하라는 대 사명을 받은 사람들이다. 예수께서는 선한 사마리아인 이야기를 통해 어려움에 처해 자신을 돌아볼 여력도 없는 사람이 나의 이웃이라고 말씀하셨다. 이때 도움의 손길을 기꺼이 내어주는 사람이 이웃이다. 이웃 사랑은 교회에게 선택 사항이 아니다. 하나님을 사랑하는 것과 동일한 비중을 가진 명령이다.

교회인 우리는 어디를 가든 예수님을 빛내는 교회가 되어야 한다. 가정에서나 일터에서나 거주하는 마을에서나, 도움을 원하는 사람들을 향해서도 말이다.

여섯째 본질 : 네트워킹

우리는 모두 같은 몸의 일부이다. 예수께서는 많은 교회를 세우러 오신 것이 아니라 오직 하나의 교회, 예수님의 교회를 세우러 이 땅에 오셨다.

한번은 내가 섬기는 세퍼드 커뮤니티 교회에서 새해 첫 주를 비전 주일로 삼아 설교했다. 우리 교회 전체가 한 해 동안 무엇을 비전으로 삼을 것인가에 대한 설교였다. 새해 첫 주일인 만큼 교인들이 거의 모여 축하했다.

사실 주일 예배 전에 몇몇 사역자들이 내게 전화를 걸어 주일 설교 제목이 무엇인지 물었다. 미리 거기에 맞는 찬양을 준비하려는 것이었다. 나는 "그 날 가보면 압니다."라고 대답했다. 그 날 아침, 다른 사람들도 전화를 걸어 설교 제목을 물었고, 나는 대답했다. "시간이 지나면 알게 됩니다."

주일 예배를 드리는 본당에 들어가자 몇몇 사람들이 또 설교 제목을 물었지만 나는 "곧 알게 됩니다."라고 대답했다. 드디어 예배

전 기도 시간이 되자, 또 제목을 물어보기에 나는 "설교 제목은 '하나님은 우리 교회에 관심이 없으시다' 입니다."라고 말했다. 다들 내가 평소처럼 농담하는 줄 알았다. 그들은 다시 내게 물었다. 그리고 놀랐다. "정말입니까? 농담이 아니시고요?"

설교 시간이 되자 자리에서 일어난 나는 전체 성도들을 향해 말했다. "오늘은 '하나님은 우리 교회에 관심이 없으시다!' 라는 제목으로 설교하겠습니다." 다들 킥킥 거리며 웃었다. 나는 다시 말을 이었다. "하나님은 하나님의 교회에 관심이 있으십니다! 홍콩이라는 도시에 관심이 있으십니다! 하나님은 홍콩 시민에게 관심이 있으십니다! 홍콩의 교회들에게 관심이 있으십니다! 그저 우리 교회에만 관심을 갖고 계시지 않습니다. 이 땅에는 오직 그리스도의 교회 하나밖에 없습니다! 우리는 그 몸의 일부일 때에만 의미가 있는 것입니다!"

솔직히 말해서 이것은 교회가 가장 이해하기 어려워하는 내용이다. 나는 15년 동안 교회 네트워킹 사역에 몸 담아왔지만 참으로 외롭기 짝이 없었다. 기독교 세계에서는 '내 교회' '우리 교회' 라는 의식이 너무도 강해서 대다수 목회자들이 교회의 네트워킹을 그다지 우선순위로 두지 않는다. 어쩌면 '가장 낮은 순위' 일지도 모르겠다. 또한 전체에 속한 부분이라는 개념도 없다. 대부분의 신학교도 마찬가지다. 그렇지만 이것이야말로 그리스도의 교회에 있어서 가장 중요한 요소다. 이 세상에 영향력을 미치고 하나님 나라를 소개하려면 각각의 교회가 큰 전체를 이루는 부분임을 인정해야 한다. 그러히 않으면 교회는 강건해질 수 없고, 힘도 없다.

그런데 최근 나는 코칭 네트워크를 통해 희망을 보았다. 다른 교회들이 아무 조건 없이 서로 코칭을 나누는 경험을 하면서 목회자들 안에 이러한 개념이 스며들기 시작한 것이다.

처음 코칭 네트워크에 참석한 60대 목회자인 아브라함 형제는 모든 사람에게 이런 이야기를 나누었다. "여러 해 동안 교회에서 목회자로 섬겼고, 여러 회의, 세미나, 모임에 참석해봤습니다. 하지만 목회자들이 자신을 열어 서로 삶을 나누고, 무조건 받으려 하기보다는 자신의 것을 나누는 모습은 여기서 처음 보았습니다. 이런 일이 가능하리라고는 생각도 못했는데, 마치 꿈속에 있는 듯합니다." 그렇게 말하면서 아브라함 목사는 눈물을 흘렸다. 우리는 그리스도 안에서 하나이고, 한 몸이다.

일곱째 본질 : 유연한 구조

안타깝게도 전 세계적으로 교회가 너무 제도화되었다. 과거에는 잘 조직된 교회와 제도화된 종교를 선호했다. 안정감을 준다는 이유로 사람들은 교회의 엄격한 틀 안에 사는 것을 좋아했다. 하지만 이제는 인류 역사의 새로운 시대에 접어들고 있다. 전 세계적으로 사람들은 조직화된 종교를 기피하고 있고, 제도적인 종교에 대한 흥미도 점점 낮아지고 있다.

일본의 경우 2006년 갤럽 조사에 따르면 성인의 30퍼센트와 청소년의 20퍼센트만이 종교가 있다고 대답했다. 종교적인 사람들로 알려진 일본에서 이런 결과가 나오자 많은 사람들이 놀랐다. 일본인들은 불교 아니면 신도를 믿는다. 그런데 설문 조사는 일본인들이 우리가 아는 그런 제도적 종교에서 점차 벗어나고 있음을 보여준다.

많은 교회들이 모든 사소한 일에 규칙을 정해두고 회원 제도를 활용한다. '좋은 회원이 되기 위한 지침'을 작성해서 '책임감 있는 회원' 여부를 규정한다. 그리고 지침은 결국 규칙이 되고 만다.

영적인 일마저 구조화되고 있다. 구조가 있는 게 나쁜 건 아니지만 구조가 우리를 섬겨야지 우리가 구조에 통제당해서는 안 된다. 교회는 생명과 관계를 맺는 공동체이므로 예수 그리스도와 성령의 인도를 받아야만 한다. 성령을 구조 속에 끼어 맞추는 일은 불가능하다.

하나님을 사랑하고 이웃을 사랑하는 건 구조로 해결될 수 있는 게 아니다. 일의 진행 방식과 구조에 신경 쓰기보다는 나 자신을 기꺼이 잃으면서 섬김과 희생에 주의를 기울여야 한다. 잃어버린 영혼과 세상을 위해 복음의 과격함과 역동성에 순종해야 한다. 이것이 유연한 구조다.

변화에 대한 선한 욕망이 필요하다

코칭은 남을 그대로 흉내 내는 것 이상이어야 한다. 사람들 각자가 교회의 본질을 개인화시키고 실행할 수 있도록 도와야 하고, 교회 안에서도 새로운 가치와 문화가 형성되도록 도와야 한다. 그리고 우리에게는 '변화'에 대한 선한 욕망이 필요하다. 항상 기억하자. 본질에 초점을 맞추는 것, 그것이 바로 예수 그리스도를 따르는 우리에게 필요한 자세다.

3

섬김을 통해 배우라

YOU CAN COACH

우리 모두가 그리스도의 몸을 이루고 있음을 인정하고, 도리어 섬기러 오신 예수님의 영을 받아 일하는 것이 코칭의 정신이다.

인자가 온 것은 섬김을 받으려 함이 아니라 도리어 섬기려 하고
자기 목숨을 많은 사람의 대속물로 주려 함이니라. _마 20:28

코칭을 하면서 빠지게 되는 가장 큰 위험한 생각 중 하나가 코칭 사역에 뛰어들기에 앞서 먼저 전문가가 되어야 한다는 생각이다. 나(벤 왕)는 우리 아이들의 '아버지'가 되는 여정에 앞서 먼저 '완벽한' 아버지가 될 때까지 기다리지 않았다. 자연스레 부모가 되었으며, 그 과정 중에 아버지 역할을 하는 법을 배웠다. 코칭 역시 무작정 뛰어들어 시작했으며, 정식적인 훈련을 받지 않았지만 직접 부딪치면서 배웠다.

지난 수년 동안 나는 코칭 임무를 제대로 수행하려는 이들에게 도움이 될 만한 기본적 원칙을 몸소 체득했다. 이 원칙 덕에 여러분도 아주 유리한 출발 위치를 선점할 수도 있겠지만, 직접 현장에

서 뛰면서 배우는 교훈이 더 많을 것이다. 다만 명심할 것은 믿음으로 발걸음을 떼며 출발해야 한다는 점이다. 그런 교훈마저도 직접 발걸음을 옮겨봐야 제대로 이해가 될 것이다.

거저 받았으니, 거저 주어라

코칭은 상대를 제압하는 활동이 아니다. 자기 왕국과 세력을 확장하려는 움직임이 아니라 오히려 성심성의껏 다른 사람을 섬기는 일이다.

요즘 들어 대형 교회들이 소규모 교회를 자신의 세력 아래에 두려고 애쓰는 행태가 보인다. 물론 '지×교회'나 다른 점잖은 말을 사용하고 있지만 말이다. 일부 대형 교회는 아예 대놓고 군소 교회를 보며 이름을 바꾸라고 요구하기도 하고, 또 어떤 교회는 자기 교회의 규칙을 따르는 조건으로 이름만 남기게 한다.

심지어 일 년에 교회 재정 중 몇 퍼센트를 '행정비'로 내라고 요구하는 곳도 있다. 대형 교회가 코칭과 자료를 제공하기는 하지만, 대부분의 경우 지교회들이 '올바른 사역 방법'이나 '우리식 사역법'을 배우기 위해 직접 모 교회로 찾아가야 한다. 심지어는 작은 교회가 사역을 시작하기에 앞서 큰 교회의 특별한 '기름 부으심'을 전수받으러 가야 하는 경우도 있다.

대부분이 이렇게 하기 때문에 사실 나도 우리와 네트워킹하는 교회들과의 관계를 정비할 필요가 있다고 생각한 적이 있었다. 교회들이 우리를 대하는 헌신의 정도에 따라 범주를 정하고 싶었던 것이다. 그래서 자교회, 지교회, 네트워크 교회 등으로 범주를 나누려고 했다.

우리는 이러한 결정을 내린 뒤 전체 회중에게 그 소식을 알렸다. 그러자 다들 신이 났다. 하지만 하나님은 내게 왠지 불편한 마음을 주셨다. 하루는 가까운 동료가 내게 물었다. "벤 형제, 새로운 비전을 세웠는데 왜 아무 일도 하지 않는 거지요?" 비록 내가 제안한 아이디어지만 마음에 왠지 평화가 없다고 말했다. 그래서 내 마음의 소리에 귀를 기울이고 행동으로 옮기는 것을 보류하기로 했음을 밝혔다.

그리고 그에게 물었다. "형제는 어때요? 이번 일에 대해서 어떤 느낌이 듭니까?" 사실 그도 처음부터 마음이 편치 않았지만, 내가 너무도 좋아하는 것 같기에 아무 말도 하지 않았다고 했다. 그리고 나머지 사람들에게도 물어보았는데, 상당수의 주요 지도자들도 그 계획의 시행을 주저했다. 결국 우리는 새로운 비전을 접기로 결정했다. 지금까지도 우리는 함께 네트워킹하는 교회들을 구별하지 않는다.

코칭은 우리 모두가 그리스도의 몸을 이루고 있음을 인정하는 것이다. 또한 섬김을 받기 위해서가 아니라 도리어 섬기기 위해 오신 예수님의 영을 받아 일한다. 코칭은 '내 교회'를 돌보는 것이 아니라 '우리 교회'를 돌아보기 위한 것이다.

이와 마찬가지로 코치는 대상자를 절대 통제해서는 안 된다. 어떤 식으로든 강요해서는 안 된다. 대상자를 섬기는 것이 코치의 임무다. 코치는 대상자가 교회에 대한 성경적 진리를 깨닫고 성령의 인도하심을 따르도록 도와야 한다.

코치는 자신의 유익이 아니라 상대의 유익을 구해야 한다. 그래서 우리의 코칭 네트워크에서는 무료로 코칭 서비스를 제공한다. 우리의 코칭을 받기 위해 지불해야 할 코칭 비용은 없다. 사실상 코칭이 필요한 목회자들은 대부분 군소 교회를 담임하고 있으므로 코칭 비용을 내기가 힘겹기 때문이다. 게다가 동아시아 지역 문화에서는 무료로 코칭을 받는 경우 다시 되갚아야 한다는 부담을 느낀다. 하지만 나는 무료인 만큼 장래에 다른 사람들에게 그만큼 베풀어주기를 강조한다. 예수께서도 말씀하시지 않았는가. "거저 받았으니, 거저 주라"(마 10:8).

전인적 사역에 초점을 맞추라

교회가 제자 훈련에 힘쓰고 싶다면 반드시 성도의 전인적인 삶에 관심을 두어야지 그 사람이 교회에서 생활하는 것만 보아서는 안 된다. 이와 마찬가지로 목회자를 대상으로 코치할 때는 그 사람의 전인적인 면에 신경을 써야지 사역 자체에만 관심을 두어서는 안 될 것이다. 교회 안에서 아무리 노력하더라도 사실상 그의 인간됨을 삶과 분리시키기란 불가능하기 때문이다. 그래서 목회자를 대상으로 하는 코칭은 전인적으로 행해야 하는 법이다.

목회자들 대부분이 가정, 교회 안에서의 관계 때문에 갈등한다. 교회 안에서는 평신도 지도자들과 보이지 않는 갈등 관계가 형성된다. 또 다른 갈등 영역은 배우자, 자녀들과의 관계다. 이 부분은 목회자들에게 있어서 말 못할 아픔이 되지만 대부분 도움을 요청

할 사람이 없는 상황이다.

이처럼 삶의 전반에 관여하기 위해서는 자신의 삶을 솔직하게 열어 보일 필요가 있다. 자신이 특정한 삶의 영역에서 성장할 필요가 있다는 사실을 수치스러워하는 대신 그대로 인정하면 된다. 혹시 자신이 어떤 일에 실패했다고 해도 그것을 인정하는 것을 부끄러워할 필요도 없다. 문제는 일부 목회자들이 이상적인 설교를 하는 것을 온전한 삶을 사는 것으로 착각한다는 점이다. 성경은 우리에게 이렇게 말한다. "만물보다 거짓되고 심히 부패한 것은 마음이라"(렘 17:9).

우리의 코칭 네트워크에서는 코치들이 가정 생활을 포함한 자신의 생활 속 문제까지 솔직히 나눈다. 그런 솔직한 나눔은 모임에 참석한 목회자들에게 늘 엄청난 영향을 끼친다. 코칭 네트워크에 참여하면서 자신의 가정 문제를 투명하게 털어놓을 수 있다는 사실만으로도 축복이라고 여기는 목회자가 절반이 넘는다.

재크(가명)는 명령 하달식으로 사역해야 한다고 배웠던 전형적인 지도자였다. 목회자로서 홀로 교회를 운영하고 뭐든 혼자 결정했다. 이에 동의하지 않는 사람들은 아예 입을 다물거나 교회를 떠났다. 그런데 가정에서도 비슷하게 행동했다. 가족들과는 거의 대화가 없었다. 아내의 우울증으로 인해 두 사람의 관계는 붕괴 직전이었다. 아내는 남편이 자신과 자녀를 이해조차 하려들지 않는다고 느꼈다. 그는 뭐든 교회가 먼저였기에, 이런 모습을 보며 가족들은 아무런 토를 달 수가 없었다.

그런데 코칭 네트워크 덕분에 상황은 바뀌었다. 재크는 가정을 교회로 이해하게 되었다. 그동안 자기 가족들에게 무관심했다는 사실도 깨달았다. 집으로 돌아온 뒤 아내와 자녀들을 존중하며 대하기 시작했다. 그의 결혼 생활은 나아졌고, 두 사람은 미소 가득한 얼굴로 함께 여전히 코칭 네트워크 세미나에 참여하고 있다.

오늘날 기독교 지도자들 가운데 시작한 일을 성공적으로 끝까지 마무리 짓는 사람은 극소수다. 로버트 클린턴은 그의 연구에서 일을 제대로 마무리 지은 수백 명의 기독교 지도자들을 대상으로 조사한 내용을 밝혔다. 지도자들 가운데 끝까지 일을 제대로 마무리 짓는 사람은 3명 중 1명에 불과하며 그 숫자는 더욱 줄고 있다는 것이다. 로버트는 일을 잘 마무리하는 데 도움이 되는 6가지 특징을 규명했는데 주목할 만한 사실은 그 6가지 모두 개인의 삶과 관련된 부분이라는 것이다.[10]

목회자에게 있어 무엇보다 중요한 것은 고결한 삶이다. 그리고 목회자를 올무에 빠뜨리는 가장 큰 덫은 기만이다. 무대 위에서는 멋지게 보이다가 무대 밖에서는 완전히 다른 사람으로 돌변하는 쇼하는 인간이 될 수도 있는 것이다. 그렇기 때문에 그 어떤 직업보다도 목회자의 삶은 어렵다.

첫째, 코칭은 관심이다

토미는 한 번도 코치 훈련을 받은 적이 없었지만 목회자를 대상으로 코치를 해보겠느냐는 제안에 주저 없이 그러겠다고 했다. 토미는 유명한 목사도 아니었고 알려진 사람도 아니었다. 큰 교회를 섬긴 적도 없었으나 기꺼이 코치 사역을 하고 싶어 했다.

그에게는 정말로 코칭을 하고 싶은 열정이 있었다. 항상 코칭 받는 사람들을 친구처럼 대했다. 토미 부부는 코칭을 받는 부부와 함께 시간을 보내며 그들에게 위기가 닥쳤을 때 가서 돌봐주었다. 대상자들은 토미만큼 자신들을 보살펴주는 사람을 본 적이 없다고 입을 모아 말했다. "토미 형제가 아니었다면 벌써 목회자의 길을 포기했을 겁니다. 그동안 그는 저의 가장 좋은 친구가 되어주었습니다." 현재 토미는 일본에서 가장 뛰어난 코치 중 하나이며, 다른 목회자들에게 영적인 귀감이 되고 있다.

코칭 네트워크 사역을 처음 시작할 때는 목회자 대상 코칭이야 말로 좋은 생각이라며 코치를 맡았던 사람들이 많았다. 하지만 그들에게는 코칭이 우선순위가 아니었다. 평가 시간이 되면 그들은 그동안 너무 바빠서 대상자를 제대로 만날 시간이 없었노라며 변명을 늘어놓았다. 한 달에 한두 번 연락하거나 심지어 아예 연락조차 하지 않는 이들도 있었다.

그런가 하면 토미와 같이 코칭을 귀하게 여기는 분들도 있다. 이들은 코칭이 그저 선택 사항 중 하나가 아니라 교회의 일부분임을 알기 때문에 시간을 내서 대상자들을 만나고 사역한다. 이들처럼 성공적인 코치가 되기 위해서는 대상자와 함께 시간을 보내는 것은 필수적이다. 함께하는 시간 없이 관계를 세울 수 없고 코칭을 위한 위탁 관계 역시 형성할 수 없다.

둘째, 코칭은 관계다

하나님은 우리가 주님과 사람들을 만나며 그 안에서 즐거워하도록 우리를 부르셨다. 하지만 이 땅의 많은 목회자들이 하나님과의 관계, 사람과의 관계를 누리지 못하고 있다. 자신이 혹시 아래와 같은 경우라면 관계에 있어서 문제가 있다고 볼 수 있다.

- 개인적으로 사는 게 그다지 재미있지 않다.
- 자녀와의 관계가 무척 어렵다.
- 결혼 생활이 행복하지 못하다.
- 다른 사람들과의 관계에서 늘 문제가 생긴다.

여기에 해당된다면, 당신의 사역은 '노역'에 불과하다. 그러나 코치가 감당해야 하는 주된 역할은 그와 같은 문제들을 해결할 수 있게 돕고 대상자들이 마음 편히 쉬면서 즐기도록 돕는 것이다! 그러기 위해서는 코치는 대상자와 친구가 되어야 한다. 사역을 함께 논의하기에 앞서 반드시 대상자와 관계를 세워야 한다.

마크는 원래 관계 중심적인 사람은 아니었지만 고통받는 목회자들을 돕고픈 마음이 생겼다. 그는 교회 일 외에 목회자들을 코치하는 일에도 시간을 많이 쏟고 있지만, 그가 시무하는 교회의 사정은 오히려 나아졌다. 성도들 스스로가 교회 일을 맡았기 때문이다. 놀라운 사실은 마크가 관계 중심적인 사람으로 변했다는 것이다. 힘들어 하는 목회자들을 돕고 싶은 마음속 깊은 열망 덕분에 관계를 통해 코칭을 시작했고, 교회의 핵심 역시 '관계'라는 사실을 깨닫게 되면서 변화에 대한 엄청난 갈망이 일어난 것이다. 그는 아직 젊은 나이지만 코칭 사역의 중심에서 활발히 활동하고 있다.

셋째, 코칭은 격려다

누구에게나 격려는 필요하다. 사람은 나이가 많든지 적든지, 성공을 했든지 안 했든지, 또 유명한지 않은지에 상관없이 격려를 받으면 긍정적인 힘을 얻게 되므로 변한다. 격려의 힘은 실로 심오하다. 교사가 학생에게 던지는 격려의 말 때문에 그의 인생이 변하기도 하고, 배우자가 건네는 격려의 말 덕분에 결혼 생활이 윤택하게 된다.

목회자는 격려의 말로 성도들이 자신의 잠재력을 발휘하도록 돕고, 성도들은 목회자를 믿어주고 그 안에 있는 최선의 능력을 이끌어내야 한다. 마찬가지로 코치는 그러한 격려자의 역할을 감당하면서 대상자의 삶에서 참으로 중요한 변화의 촉진제가 되는 것이다.

대부분의 사람들에게 필요한 것은 더 많은 지식이 아니다. 이들에게는 단지 자신감이 부족할 뿐이다. 자신이 가치 있는 사람이고, 하나님의 손 안에서 유용하게 쓰인다는 사실을 믿지 못하는 것이 문제다. 그래서 이들이 격려로 세워질 때 자신감의 수준도 올라간다.

때로는 사랑을 표현하는 것이 격려가 되기도 한다. 동아시아 사람들은 사랑 표현에 서툴다. 동양 문화에서는 인사할 때 신체 접촉을 하지 않는다. 그저 고개 숙여 인사할 뿐이다. 어떤 사람들은 조건 없는 사랑을 경험해본 적도 없다. 늘 조건적이고 행동에 따른 보상적 차원의 사랑 속에서 자라왔기 때문이다. 그러나 사랑은 사람을 세운다. 이론과 가르침이 세우는 것이 아니다. 코칭 대상자를 사랑해주면, 그도 동일한 사랑으로 교인들을 사랑할 수 있다.

어느 코칭 네트워크 세미나에서 나는 교회의 열쇠는 사랑에 있으며, 사랑을 어떻게 표현하느냐가 참으로 중요하다고 강조했다. 그리고 상대를 안아주는 시범을 보이면서 옆 사람과 연습해보라고 했다.

3개월 뒤, 나는 그들이 세미나에서 배운 핵심을 어떻게 적용했는지 살펴보았다. 한 여성 목회자는 교회로 돌아가 배운 내용을 나누었다. 당시 그녀는 교회의 어떤 부부 때문에 상처를 입고 있었는데 세미나에서 배운 내용을 사람들과 나누면서 갈등이 있던 부부와 화해를 하게 되었다. 포용을 하고 악수를 나누려고 서로의 몸에 가까이 다가가는 순간 하나님이 그들의 마음을 만지신 것이다. 그들은 펑펑 눈물을 터뜨렸다. 다른 교인들도 서로를 끌어 안았고, 그날 하나님은 교회 안에 매우 중요한 일을 행하셨다. 서로에 대한 사랑을 표현하라는 말씀에 순종했기 때문이었다. 이것이 격려의 힘이다.

넷째, 코칭은 많은 자원을 끌어낸다

우리는 같은 교회에 속해 있고 혼자가 아니라는 사실을 깨닫는 것이 중요하다. 누구든 코치로서 전체 네트워크의 인적 자원을 활용할 수 있다. 다른 코치들도 우리의 자원이 된다. 다른 코치들의 교회 역시 우리의 자원이 된다. 네트워크의 일원으로서 그렇게 함께 움직이는 방법을 배워야 한다. 한 사람의 코칭으로는 한계가 있고 코치 한 사람의 경험은 한정적이다. 따라서 코칭 네트워크에 참여하며 공유한다면 더 좋은 결과를 만들어낼 수 있다.

홍콩의 코칭 네트워크에서는 코치들끼리도 소그룹을 조직한다. 같은 소그룹에 있는 사람들끼리 서로를 코치하면서, 서로 다른 강점이 있다는 사실을 발견한다. 함께 일한다는 것 자체가 코칭 경험을 풍성하게 해주고, 그 덕에 자신이 갖고 있는 자원보다 훨씬 많은 도움을 대상자들에게 제공할 수 있게 되었다.

그렇다. 바로 이러한 점 때문에 우리는 그리스도의 몸이 필요하다. 일례로, 우리 교회에 말콤이라는 형제가 있는데 그는 전도를 정말로 잘하는 친구다. 다른 사람들과 이야기를 나누는 가운데 자연스럽게 복음을 전하는 일에도 뛰어난 사람이라서, 나는 대상자들을 그에게 보낸다.

네트워크가 아니라면 사람들을 통하는 대신에 책이나 자료, 인터넷 기사, 설교 등을 통해서도 부족한 부분을 채울 수 있다. 중요한 건 나 혼자만의 은사와 경험과 지식과 재능으로 그 모든 코칭을 감당하려고 하지 말아야 한다는 점이다.

다섯째, 코칭은 하나님을 신뢰하도록 돕는 일이다

코칭의 목적은 상대가 성령님을 의지하도록 돕는 것에 있다. 대상자에게 지혜가 부족하다면 하나님은 필요한 영적 통찰을 공급해주신다. 코치가 할 일은 상대가 하나님의 무한한 지혜를 발견하도록 돕는 것이다(약 1:5).

조셉은 하나님이 자신을 사랑한다는 느낌을 한 번도 느끼지 못했다. 야단만 치는 엄격한 아버지 밑에서 자라났기 때문이었다. 그의 아버지는 늘 아들이 잘하지 못한 부분을 들춰내며 나무랐고 조셉은 그리스도인이 된 뒤에도 하나님도 꼭 자기 아버지처럼 자신을 나무란다고 생각했다. 그래서 하늘 아버지를 기쁘게 해드리기 위해 갖은 노력을 했지만 그의 마음은 만족스럽지 못했다. 목회자가 되어 열심히 일했지만 역시 하나님이 자신을 받아주신다는 느낌은 한 번도 받아보지 못했다.

이러한 그를 위해 코치로서 내가 할 수 있는 일은 조셉이 하나님의 사랑을 느끼고 바로 보도록 돕는 것이었다. 시간이 지나자 조셉의 삶은 완전히 바뀌었다. 결혼 생활과 가정 생활도 변화되고 그의 목회 활동도 이전보다 훨씬 좋아졌다. 이처럼 코치는 목회자가 하나님을 향한 강력한 믿음을 회복하고 불같은 열정을 뿜어내도록 도와야 한다. 대상자의 믿음이 약해질 때 대상자가 자신의 삶과 교회 안에 역사하시는 하나님을 볼 수 있게 도와주라.

여섯째, 코칭은 작은 교회의 목회자를 돕는 일이다

작은 교회일수록 부족한 게 많다. 이들은 대체로 대형 교회를 성공한 예로 삼는다. 큰 교회 목회자들은 세미나와 회의에 유명 강사로 초빙받는다. 기독교 잡지나 신문이나 단체에서도 이들을 슈 퍼스타처럼 대우한다.

사실 모든 교회가 큰 교회로 자라는 것이 하나님의 뜻이라는 말 씀은 그 어디에도 없다. 전 세계 교회의 80퍼센트 이상이 100명 이하이므로, 어쩌면 평균 교인 50~80명 규모의 교회가 하나님이 원하시는 표준인지도 모른다. 대형 교회가 나쁘다는 말이 아니라 그 규모가 반드시 '바른' 기준은 아니라는 점을 언급한 것이다.

대다수 목회자들은 하나님을 사랑하고 하나님의 백성을 사랑하 고 싶어서 목회자가 된다. 작은 교회에서는 그런 일을 효과적으로 행할 수 있다. 사실 교인의 수가 80명을 넘어서면 모두에게 관심 을 쏟기가 쉽지 않다. 이때 목회자에게 필요한 것이 행정적 능력인 데, 모든 목회자가 거기에 적합한 것은 아니다. 대형 교회에는 기 업가 스타일의 목회자가 필요한 법인데, 이러한 능력을 지닌 목회 자는 소수다. 소형 교회가 교회의 표준이라면 교회의 규모가 커지 지 않는다고 스트레스를 받을 필요가 없다. 따라서 우리의 관심을 사람의 수에 집중하지 말고, 그 사람의 영혼으로 돌려야 한다.

일본의 한 교회는 코칭을 통해 다른 교회 목회자들을 돕는 비전 을 품게 되었다. 5년 안에 10개의 교회를 개척하기로 했는데 벌써

10개 이상의 개척 팀이 발족되었다. 현재 이 교회는 교회 개척이라는 새로운 비전을 공식적으로 선언할 날만 기다리는 중이다. 성장이 더뎠던 어느 교회는 하나님이 10년 안에 40개 교회를 개척하라는 비전을 주셨다고 한다. 그런데 벌써 평신도가 이끄는 몇몇 교회가 시작된 상태이다.

코칭 네트워크 상의 여러 교회들도 이러한 방향으로 옮겨가고 있다. 앞으로 몇 년 후면 교회 개척 운동이 더욱 활발해지는 모습을 보게 될 것이다.

교회의 성장은 다른 사람들의 삶 속에서 먼저 성장이 일어날 때 시작된다. 사람들을 찾아가 제자를 삼는 것이 교회의 성장을 돕는 일이다. 이러한 성장이 일어날 때 교회가 증식한다. 목회자가 교인을 대상으로 코칭을 시작하고 이들이 다시 증식하는 것을 돕기 시작하면, 교회는 더 큰 교회가 아닌 '많은' 교회로 늘어날 것이다. 결국 코치의 역할이란 대상자의 능력이 몇 배가 되도록 돕는 일이다.

4

전부를 쏟아 부어라

YOU CAN COACH

코칭을 할 때는 그 자리에서 자신의 전부를 쏟아 부어야 한다. 내 인생의 한 부분이 아니라 인생 전반을 포함하는 인격, 교육, 소그룹 경험, 지식을 가지고 그들을 위해 몰입해야 하는 것이다.

구제를 좋아하는 자는 풍족하여질 것이요
남을 윤택하게 하는 자는 자기도 윤택하여지리라 _잠 11:25

나(조엘 코미스키)는 2001년에 전임으로 목회자 코칭 사역을 시작했다.[11] 그런데 한 가지 큰 문제가 있었다. 바로 사람들을 어떻게 코치해야 하는지 방법을 몰랐던 것이다. 당시에 나는 안다고 생각했지만 착각이었다. 심지어 코칭이 조언과 같은 것이라 생각할 정도였다. 결국 나의 이런 코칭에 사람들은 제대로 반응하지 않았다. 내가 평가를 요구할수록, 그들은 더욱 부정적으로 변해갔고 급기야 내게 실망한 나머지 나를 코치의 자리에서 물러나게 했다. 내 인생의 가장 힘겨운 시절 중 한 순간이었다.

그때부터 나는 코칭에 대한 책이란 책은 모조리 파헤치기 시작했고, 공부를 하면 할수록 새로운 길이 내 앞에 열렸다. 또 내가 어려운 시간을 보내는 동안 참아주었던 너그러운 지도자들은 내 관점이 바뀐 데에 환영했고, 준비된 나를 보며 기뻐했다. 그 기간 동안 배운 가장 큰 핵심을 말하자면, 경청의 중요성을 배웠다는 데 있다. 전에는 나의 지혜와 해답을 제시하여 사람들을 감동시켜야 한다고만 생각했다. 하지만 나의 주된 임무는 그들 안에 이미 있는 답을 끌어내는 것임을 깨달았다. 강력한 질문을 던지는 것과 지도자들을 격려하고 힘을 북돋는 것이 중요하다는 사실도 알게 되었다.

나는 경청과 질문과 격려의 방법을 사용햇고, 사람들이 스스로 해답을 찾게 하면서 나만의 코칭 틀을 발전시켰다. 경험 많은 코치들을 찾아가 코칭하는 방법을 상담하기도 했고 그들에게 기본적인 코칭 원칙을 배우기도 했다. 그들은 하나같이, 나와 같은 스타일의 코치들은 무작정 가르치거나 상담하거나 조언하려 들면 안 된다고 특히 강조했다. 사람들이 스스로 운전대에 앉게 하고, 코치는 질문을 하면서 대화를 이끌어가야 한다고 했다.

내가 조언을 구했던 코치들은 모두 코치가 해야 할 일과 하지 말아야 할 일에 있어서 원칙이 분명했다. 나는 내 주요 임무가 사람들에게서 답을 끌어내는 것임을 계속 상기했고 코치의 역할은 그들이 스스로 선택을 내릴 수 있도록 질문을 던지는 일이라는 것을 명심했다. 나는 그 원칙을 몸소 실행하기 시작하면서 조언을 남발하지 않았다. 간혹 코칭 상대인 목사님이 내게 질문을 하면 나는 도리어 "목사님이라면 어떻게 하시겠습니까?"라고 질문을 돌렸다.

그들이 진정 바라는 것을 제공하라

이러한 방식을 적용하면서, 몇몇 대상자들은 내가 가르침도 주지 않고 직접적인 대답도 해주지 않는다며 불만을 품었다. 이에 관해 피드백을 들어봤더니 일부는 내가 들어주고 질문을 던지는 것 이상을 해주길 바랐고, 경청도 좋지만 나의 전문적인 조언과 지식도 알고 싶어하는 눈치였다. 그들 스스로 대답을 모르는 경우도 있었다. 그들에게는 경험에서 우러나온 정보도 필요했던 것이다.

나는 깨닫기 시작했다. 정말로 목회자를 섬기려면 이들이 바라는 것, 즉 상담과 가르침과 훈련까지도 함께 제공해야 한다고 말이다. 물론 경청과 지지와 질문은 내 코칭의 기본 철학이긴 하지만 사람들의 필요를 채우기 위해 코칭의 반경을 넓힐 필요가 있었다. 그들을 위해 사역하려면 필요한 모든 것, 경청과 가르침과 상담과 격려와 도전까지 기꺼이 감당해야 했다. 그러자 코칭의 지평이 열리기 시작하면서 내게 코칭을 받는 사람들은 내게 높은 점수를 주었다. 또 내 코칭을 좋아하고 다른 이들에게 추천해주기 시작했다.

내 전부를 쏟아 부어라

대상자들을 성공적으로 이끌려면 필요한 모든 방법을 동원해야 한다는 것을 배웠다. 나는 그것을 '규칙 뛰어넘기' 라고 부른다. 좀 더 부드럽게 표현하자면 '도구 상자 몽땅 사용하기' 이다. 이것은 코칭에 관해 내가 깨달은 것 중 가장 중요한 깨달음이다.

때로는 대상자의 생각에 맞서 도전 과제를 주어야 하는 경우가 있으며, 대상자들이 소그룹이나 사역 전반에 대해, 혹은 개인적인 갈등에 관해 토로할 때는 묵묵히 들어주기도 했다. 어떤 때는 처음으로 돌아가 모든 해답이 들어 있는 책을 다시 읽어보라고 말해주었다. 그만큼 상황에 따라 접근 방법을 달리해야 하는 것이다.

코칭을 할 때는 그 자리에서 내 전부를 쏟아 부어야 한다. 내 인생의 한 부분이 아니라 인생 전반을 포함하는 인격, 교육, 소그룹 경험, 지식을 가지고 그들을 위해 몰입해야 하는 것이다. 끌어낼 수 있는 것은 뭐든지 다 사용한다. 파워포인트 자료, 소그룹 모임 사례, 코칭 규칙을 단순히 보여주거나 들려주는 정도가 아니라 내 전부를 다 내어놓아야 한다.

코치의 역할은 매우 다채롭다. 전술가나 전략가에서부터 심리학자, 여행사 직원, 보모, 대리부모, 친구까지 모든 면을 다 포함한다고 볼 수 있다.[12]

'모든 면'이라는 부분이 중요하다. 앞서 말했듯이, 코칭에는 한 가지 방법만 있는 게 아니다. 최고의 코칭은 모든 역할을 다 포함한다. 내 경우를 보면, 나는 대상자를 만나러 가기 전에 기도하고 하나님 앞에 잠잠히 기다리며 듣는 시간을 보낸다. 또한 나의 성격적 특성과 관계 맺는 기술도 다 동원한다. 코칭 시간 동안 나의 인간관계 스타일이나 친구 관계도 다 드러낸다. 어떤 때는 그저 함께 재미있는 시간을 보내면서 가벼운 마음으로 대화를 나누고 웃고 즐기는 것이 가장 중요한 경우도 있다. 또 다른 사람이 경험한 지식을 나누거나, 특정 주제에 관한 책 내용, 개인적 경험을 넘어서는 인터넷 자료 등을 나누기도 한다.

코칭의 주인공은 코치가 아니라 역시 코칭하는 상대방이다. 내 목표는 목회자를 섬기는 것이기에 앞뒤 가릴 것 없이 상대를 가장 우선순위로 둔다. 틀을 벗어나 대상자가 마음껏 이야기를 나누고 말하고 선택하도록 해주려고 한다. 코치의 역할은 그런 경험을 하도록 길을 안내하는 것이다.

어떠한 환경에 있든지 지혜를 주신다

내가 코칭했던 한 개척 교회 목회자는 나를 감독처럼 여기기도 했다. 그는 내가 그의 삶과 교회 개척에 대해 깊이 파고들어 짚어주는 것을 고맙게 여겼다. 또한 내가 질문을 던지고 경청하고 격려해주는 것 역시 수긍했다. 내가 소속된 교단이 없었으므로 나를 든든한 지원자로 여긴 것 같다. 나는 그에게 계속 질문을 던지면서 계속 사역을 추진하도록 도왔다.

어떤 목회자는 수동적인 코칭법을 선호하며 해야 할 일을 단도직입적으로 말해주길 원했다. 또 다른 목회자는 두 가지 모두를 사용하는 방법을 원했다. 또 어떤 사람은 느긋해서 함께 지내기 편한 사람이었다. 그저 함께 좋은 시간을 보내며 유익한 코칭 경험을 하고 싶어 했다.

한번은 어느 목회자 팀을 대상으로 코칭을 한 적이 있는데 그들은 모일 때마다 내게 일련의 질문을 던지기를 좋아했다. 나는 "여러분 생각은 어떠십니까?"로 되물을 수도 있었지만 이들이 바라는 것은 질문에 대한 나의 대답이었기에, 섬기는 자로서 나는 이들의 질문에 대답해주었고, 또 질문을 던지고 대답하는 방식을 통해 이들을 훈련했다. 물론 적극적 경청과 질문과 격려 방법도 사용했다.

이렇듯 각기 다른 환경 속에서 자랐고, 다양한 상황 속에 있는 사람들이기에 한 가지 코칭 기술만으로는 훈련할 수 없다. 모두 들어맞지는 않는다. 각 상황을 파악하고 자신의 코칭 스타일을 상대가 만족할 때까지 시도하는 것이 핵심이다. 또 다양한 목회자들을 코치할 때는 내가 다양한 문화와 경험 사이를 오가고 있음을 인식할 필요가 있다. 그러다 보면 하루에도 여러 성격의 사람들 사이를 이리저리 뛰어다녀야 할 때가 많다.

2008년 홍콩에서 열린 '세계 셀교회 지도자 대회'(CCMN, Cell Church Mission Network)에서 경험 많은 홍콩인 코치 나오미의 경험담을 들은 적이 있다. 그녀는 우리가 코치로서 처해진 상황에 맞게 곧바로 적응하는 것이 중요하다고 했다. 어느 기간에는 상담가로, 또 다른 기간에는 멘토로, 가르치는 자로, 들어주는 자로 활동해야 한다고 말했다. 코치는 여러 가지 역할을 하나로 모은 것이기 때문에 단순히 한 가지 원칙이 아니라 다양한 활동과 노력이 필요하다고 말이다. 그녀의 말을 들으면서 나는 무릎을 치며 동의했다.

나는 코칭을 받는 사람의 생애와 사역을 꼼꼼히 살피는데, 이렇게 모은 자료를 '사례 연구'라고 부른다. 그 분량이 꽤나 방대한 경우도 있다. 성장 배경, 성격, 가족 관계, 교회와 교리, 인생관, 셀교회 사역 등 대상자에 대한 내용을 최대한 기록한다. 대상을 잘 관찰하고 그가 하는 말에 귀를 기울인 다음, 들은 바를 기록으로 남기려고 한다.

전화로든 직접 대면을 하든 코칭을 위한 만남을 준비할 때는 먼저 사례 연구 기록을 다시 죽 훑어본다. 지난 시간 어느 부분까지 이야기를 나눴는지 기억하려는 것이다. 그런 다음 대상자에게 건넬 질문을 기록한다. 그에게 필요한 부분과 과거의 기도 제목, 앞으로의 목표에 초점을 둔다. 한편, 긴급한 필요나 문제가 느껴지는 경우, 적절히 반응할 채비도 갖춘다. 모임을 마친 뒤에는 내가 파악한 바를 다 기록했는지 꼼꼼히 점검한다. 그런 다음 그 정보를 기도 제목과 다음 모임의 준비 자료로 사용한다.[13] 일상적인 준비 과정은 이러하다.

- 지난번 모임 때 기록한 내용을 읽어본다.
- 좀 더 관찰하고 싶은 부분을 놓고 깊이 생각하며 기도한다.
- 실제적인 질문 거리를 준비한다.

코칭의 근본은 섬김이다. 코치는 섬기는 사람이다. 코치는 상대가 운전대를 직접 잡을 수 있게 힘쓴다. 또한 사람들 위에서 군림하려 하지 않고 그의 발을 씻긴다. 코치는 상대 안에 깊이 내재된 지혜를 이끌어낸다. 대상자가 상황이 어떻게 돌아가는지 알고 있어도 정리하는 법을 모를 수도 있다.

대상자를 섬기려면 그가 자신의 꿈을 성취하도록 필요한 모든 것을 시도해야 한다. 가장 좋은 방법은 경청하고 질문하며, 격려하고 도전을 주어서 자신의 비전을 성취하게 하는 것이다. 코치는 자신의 도구를 사용하려는 욕심에 서둘러서는 안 되고 '그 사람을 최대한 섬길 방법이 무엇일까?'를 고민해야 한다.

그리스도만 의지하라

궁극적으로 성령님이 상대를 이끌어야 한다. 코치할 때는 하나님과 그의 은혜를 온전히 신뢰해야 한다. 그래서 나는 대상자와 만남에 앞서 성령 앞에 귀 기울이고 인도하심을 구한다. 또 그와 만나서 상대의 말을 듣는 동안에도 성령의 음성에 귀 기울인다. 대상자와 성령의 말에 귀를 기울이다보면 전체적인 흐름을 따라가면서도 상대의 특정한 필요를 채워줄 수 있다.

상대를 읽고 관찰하면서 나의 코칭을 개발하기도 하지만 가장 근본적으로는 이처럼 성령께서 내 주의를 집중시켜 가장 중요한 부분을 볼 수 있게 하셔야 한다.

코칭은 세미나 강연보다 훨씬 힘겹다. 세미나 강연은 지식을 베풀고 멋진 파워포인트 자료를 준비하고 그 자리를 이끄는 데만 힘쓰면 된다. 하지만 코칭은 그보다 더 세밀한 작업이다. 코칭은 세미나보다 훨씬 직관적이다. 코치는 성령이 지도해주심을 신뢰하고 하나님이 인도하심을 진심으로 믿어야 한다.

나는 코칭 상대를 만날 때마다 그를 제대로 이끌 수 있도록 하나님 앞에 먼저 무릎 꿇고 기도하며 나아간다. 그러면서 나는 하나님이 주인이시고, 나는 그의 도구일 뿐이라는 것을 다시 깨닫게 된다.

그런데 코칭에 있어서 자신이 어느 정도 자리가 잡혔다고 자부하는 때가 있다. 꼭 모든 대상자와의 관계가 일사천리로 쉽게 진행되는 듯이 보일 것이다. 하지만 그럴 때가 오히려 자신이 추락하기 시작하는 때는 아닌지 잘 살펴봐야 한다. 차라리 스스로 부족한 듯이 느끼는 편이 낫다. 그래야 하나님만 온전히 의지하고 하나님께 의뢰하려 애쓰기 때문이다. 주님만이 사람을 변화시키고, 영원을 위해 품은 열정과 목표를 성취시켜 주신다.

코칭은 예술이다

코칭은 자연 과학이 아니다. 예술이다. 대상자들과의 만남을 준비할 때면 그만을 위한 적절한 말을 준비하는 것이 중요하다. 상대에 대해 연구하고, 내 최선의 능력을 다하도록 준비한다. 그러면 피가 용솟음치고 긴장되기 시작한다. 만남을 위해 엔진 기어가 최고로 올라가는 느낌이다.

코칭은 사실 쉽게 이해되는 조합이 아니다. 경청과 공감과 가르침이 모두 조화를 이뤄야 하며 대상자를 위한 최선의 조합을 찾기 위해 애쓰는 작업이다. 또 항상 명확하거나 분명하지는 않다. 숫자를 계산하듯 쉽게 답도 나오지 않는다. 모든 사람이 다 다르기 때문이다. 사실 코치가 모든 것을 한꺼번에 다 이룰 수도 없다. 결국 지속적인 배움의 과정이 필요한 뜻깊은 일이다.

코칭은 참으로 신비한 영역이다. 사람들과 작업을 하는 데 있어서 어떤 비밀스런 공식이 있는 것도 아니다. 그래서 힘든 길이지만, 그래야만 하는 길이라고 생각한다. 물론 나도 엄청나게 힘든 순간을 겪었다. 구름 위를 걷다가 갑자기 땅으로 꺼지는 경험도 했다. 하지만 그때마다 하나님을 바라보았다. 결국 그러한 기회들이 있었기 때문에 성공적인 코칭을 배웠다고 생각한다.

에콰도르에서 성공적인 건축가로 일하는 친구 르네가 언젠가 이런 말을 했다. 자신은 집을 구입한 사람이 기대한 것 이상의 집을 짓기 위해 무척 애쓴다고 말이다. 그 결과, 가난과 실업, 각종 문제로 여전히 혼란스러운 이 나라에서도 르네에게는 항상 일거리가 넘쳐난다.

잠언 11장 25절을 보면 하나님은 이렇게 말씀하신다. "구제를 좋아하는 자는 풍족하여질 것이요 남을 윤택하게 하는 자는 자기도 윤택하여지리라." 나는 이 말씀을 새기며 정보를 무료로 나눠 주는 것 역시 그렇지 않을까 생각해 본다. 더 나누어 주되 되돌려 받기를 기대하지 말아야 한다. 숨김없이 죄다 수면 위로 드러내놓아야 한다. 너그러움이 인색함을 이기듯 더 많이 줄수록 사정은 나아진다.

슬로바키아에서 사역하는 선교사 케빈 우드가 나에게 코칭 방법에 대해 물은 적이 있다. 그 질문에 대해 나는 갖고 있는 도구를 죄다 사용하고 자유롭게 나누는 법에 대해 이야기해 주었다. 상담학 박사 학위가 있는 케빈은 나의 코칭 방법에 동감하며 말했다. "전문 상담 분야가 점차 '치료를 위한 듣기' 모델에서 벗어나고 있습니다. 내담자에게 조언을 하고 그 조언을 받아들이도록 만드는 방법은 더 이상 설 자리가 없습니다." 코칭과 상담은 서로 다르긴 하지만, 대상자에게 필요한 것이라면 무엇이든 주저하지 않고 실행해야 한다는 점에서는 의견이 같았다.

몇 발자국 앞선 사람일 뿐이다

나는 코칭을 하면서 코치하는 법을 배웠다. 코칭하는 동안 나도 성장했다. 커다란 실패도 해보고, 작은 실수도 하면서 배운 것이다. 물론 지금도 배우는 중이다. 코칭은 아직도 개척자의 정신이 필요한 분야이고, 그래서 나는 대상자들에게 내가 제대로 하고 있는지 물으면서 계속 점검한다. 더욱 알고 이해하려고 노력하므로 코치하는 동안에 코칭 능력이 자라난다. 병법서만 아는 것보다 전투에 직접 뛰어드는 것이 배우고 성장하는 데 최선의 길이다.

위대한 코치는 한때 경기를 치러본 사람이어야 한다. 코치의 자격 조건을 굳이 말한다면, 다른 이들에게 전수해줄 만큼의 사역 경험만 있으면 된다. 코치는 반드시 가르치는 사람보다 훨씬 뛰어나야 한다고 생각하는 이들이 있는데 꼭 그렇지는 않다. 코치는 상대보다 한 발자국만 앞에 있으면 된다고 생각한다. 왕년에 최고 연봉의 선수들만이 성공적인 코치가 된다고 말할 수는 없다.

스포츠 분야의 위대한 코치들은 경기를 즐기고 또 경기를 해본 경험이 있는 전략가들이다. 하지만 그보다 더 훌륭한 면은 그들의 전략적 사고와 지식과 인격, 지도력이다. 이들은 팀이 다음 단계로 나아가도록 지도하는 법을 안다. 코치로서 당신의 임무는 상대를 다음 단계로 인도하는 일이다. 그렇게 하려면 자신이 가진 모든 도구를 다 사용해야 한다.

사람들의 평가를 보면 코치가 어떻게 하고 있는지 알 수 있다. 사실 나도 코칭 대상자들이 작성하는 정기 평가서를 보기 전까지는 내가 코치로서 제대로 일하고 있는지 잘 모를 때가 있다. 따라서 코치가 제대로 자신의 임무를 수행했는지 여부를 알려면 정기적으로 평가를 받아야 한다.

나는 코칭 시작에 앞서 대상자에게 정기적으로 코칭에 대해 평가해 줄 것을 다짐 받는다. 그리고 구두 평가와 익명의 평가서를 교대로 제출하게 한다. 3개월 동안 첫 번째 코칭 기간이 끝나면 각 대상자들에게 제안할 것이나 비평할 것이 있는지 개인적으로 묻고 그 내용을 다 기록한다. 두 번째 코칭 기간이 끝나면 익명 평가서를 보낸다. 긍정적인 피드백뿐만 아니라 불만스런 사항이라도 표현할 수 있는 기회가 생기기 때문에 정기적인 평가는 코치가 자신의 코칭 방법을 조정할 수 있게 만드는 지표가 된다.

5

사람들의 친구가
되어주라

YOU CAN COACH

코칭은 '관계의 여정'이다. 코치와 대상자는 이 여정을 함께 걸어가고, 친구 관계를 통해 더욱 멀리 나아간다. 함께 웃고 사랑하고 선한 마음을 나누는 것이야말로 코칭의 여정을 이끌어가는 핵심 요소다.

"제 코치는 저와 함께 시간을 보낸 적이 한 번도 없습니다. 저를 관리하고 지도하고 소그룹 리더십에 관한 자료를 제공해주기는 하지만 제가 정말로 원하는 건 그런 게 아니예요. 저는 밖에 나가 커피를 함께 마시며 제 마음속 문제를 같이 고민해주는 그런 친구를 원합니다."

나(조엘 코미스키)는 효과적인 코칭의 원칙을 찾기 위해 오랜 시간 리서치 작업을 해왔다. 비밀스런 공식과 숨겨진 미스터리 같은 것을 찾아다녔다. 그런데 그 원칙이 다름 아닌 친한 관계에서 비롯된다는 것을 발견하고는 그 단순함에 당혹스러웠다.

자신이 평생 찾아다닌 진리를 "예수께서 사랑하심을 내가 안다.

성경이 그렇게 말하고 있기 때문이다."라고 단 몇 줄로 표현한 유명한 독일 신학자가 된 것만 같은 느낌이었다.

친구 관계. 우리는 이 단순하지만 강력한 원리를 간과할 때가 많다. 최고의 코치인 예수님은 그 핵심을 제자들에게 이렇게 말씀하셨다.

> 이제부터는 너희를 종이라 하지 아니하리니 종은 주인이 하는 것을 알지 못함이라 너희를 친구라 하였노니 내가 내 아버지께 들은 것을 다 너희에게 알게 하였음이라 (요 15:15).

예수님은 죄 많은 제자들과 친구가 되어주셨고, 3년 동안 그들을 돌봐주셨다. 함께 음식을 먹고 들판에서 잠을 청하고 그들의 모든 질문에 답해주셨다. 마가는 예수님이 열두 제자를 부르셨던 모습을 이렇게 묘사한다.

> 이에 열둘을 세우셨으니 이는 자기와 함께 있게 하시고······ (막 3:14).

그렇다. 예수님은 제자들을 친구 삼으시고 자기와 함께하도록 부르셨다. 이처럼 코치는 상대와 모든 것을 함께 나누는 친구가 되어야 한다.

함께 나서는 여정

예수님은 제자들에게 율법을 가르치신 게 아니다. 그분은 기도하는 모습을 먼저 제자들에게 보이셨다. 그리고 마침내 제자들이 기도에 대해 질문하자, 그때를 기회로 삼아 기도를 가르치셨다(눅 11:1-4).

전도도 마찬가지다. 예수님은 제자들이 보는 앞에서 직접 복음을 전하신 뒤에 제자들을 지도하셨다. 복잡한 교리적 문제를 적절히 설명하기 위해 생활 속의 사건을 활용하기도 하셨다. 뛰어난 지도자는 일상의 사건을 통해 자연스럽게 가르친다. 상대방과 친밀한 우정을 쌓았기 때문에 가능한 것이다.

이러한 관계를 위해서는 장기간에 걸쳐서 상대의 생활 방식을 알아가는 지속적 작업이 필요하다. 잡담을 나누고 농담을 던지며 함께하는 활동은 대상자를 알아가는 여행 전반에 큰 도움이 된다.

나는 대상자들과 함께 잡담하는 것을 시간 낭비라고 생각한 적이 단 한 번도 없다.

코칭은 '관계의 여정'이다. 코치와 대상자는 이 여정을 함께 걸어가고, 친구 관계를 통해 더욱 멀리 나아간다. 그렇지 않으면 함께 넘어지고 만다. 우정과 존중은 관계를 더욱 밀착시키는 접착제와도 같다. 함께 웃고 사랑하고 선한 마음을 나누는 것이야말로 코칭의 여정을 이끌어가는 핵심 요소다.

상대가 계속해서 "이렇게 나와서 대체 뭘 하는 겁니까?" "내가 돈 낸 만큼 가치가 있는 겁니까?" 하고 불만을 늘어놓는다면 그 관계는 얼마 지나지 않아 무너질 게 뻔하다.

코칭을 여정으로 보는 또 다른 이유는 코치 스스로도 먼 길을 가는 과정을 겪기 때문이다. 코치 역시 자신의 삶 전반에서 변화를 경험하고 있다. 이러한 변화는 코칭 기간을 거치면서 점점 드러난다. 코치와 대상자 모두 시간이 지날수록 점점 변화되는 것이다.

코치로서 내 모습을 돌이켜 보았을 때, 오늘의 모습이 어제와는 다르다고 확실히 말할 수 있다. 가끔 나는 사람에 따라 특정한 부분을 더욱 강조하기도 했고 한때는 복음 전도를 유독 강조하기도 했다. 또 어떤 때는 훈련에 중점을 두었다. 그런데 지금은 하나님이 내게 보여주시는 부분과 대상자의 환경과 내가 처한 상황에 따라 조율하고 있고, 앞으로 더 지혜로운 코칭이 되리라 믿고 있다.

관계에서 오는 권위

여의도 순복음 교회에서 신앙 생활을 했던 카렌 허스턴은 두 소그룹 리더에 대한 이야기를 해주었다. 한 리더는 말끔하고 능력도 많은 사람이지만 소그룹이 성장하지 않은 반면, 다른 한 리더는 어설프고 연약한 리더인데도 소그룹에 사람들이 넘쳐났던 것이다. 카렌은 그 이유가 무엇인지 궁금했다. 그래서 알게 된 결과, 성공한 소그룹 리더는 소그룹에 나온 모든 이들의 삶에 적극적으로 참여한 반면, 그렇지 못한 리더는 멋진 모임 이끌기에만 급급했던 것이다. 이렇듯 모든 게 다 관계에서 온 것이다.[14]

그렉 포포비치는 NBA팀인 샌 안토니오 스퍼스San Antonio Spurs의 감독이다. 이 팀은 포포비치 코치 밑에서 4번이나 우승을 거머쥐었다. 선수들이 포포비치를 존경하는 이유 중 하나는 그가 사적으로 사람들을 대하는 인간관계 기술이 뛰어났기 때문이다. 포포비치는 경기장 밖에서도 선수들을 개인적으로 만나면서 결국 그들의 충성심을 얻게 됐다. 포인트 가드인 토니 파커는 "우리 팀은 가족 같은 느낌이 듭니다."라고 했으며, 노련한 가드 브렌트 배리는 "코치님은 선수들을 세심히 파악합니다."라고 말했다. 또 에건은 "정말로 그렉은 선수들의 마음을 잘 이해하고 있습니다."[15]라면서 흡족한 미소를 지었다.

이처럼 포포비치는 선수들을 가족처럼 품어주는 코치였다. 그가 선수들에게 존경을 요구할 수 있는 것은 이미 그들의 관계 속에서 권위가 섰기 때문이다. 상대와 친구가 되면 관계 속 권위는 더욱 굳건해진다. 지식과 기술 훈련, 문제 해결, 집단 역학, 기타 여러 기술도 코치의 성공에 있어서 중요한 역할을 감당하지만 사람들은 짐을 나눠지고 여행길을 함께 걷는 코치를 원한다. 나의 코칭 경험을 돌아보더라도 이것이 얼마나 중요한 것인지 새삼 느끼고 있다.

내 코칭을 받던 어느 목회자가 자기 삶에 일어난 특별한 문제를 상의하기 위해 주중에 연락을 해왔다. 우리 두 사람은 이미 관계를 다져놓은 상태였기에 그 목회자는 거리낌 없이 내게 연락한 것이다. 관계를 시작하고 유지하는 시간과 공간적 제약 때문에 친구가 되는 것은 쉽지 않은 일이지만, 가능한 한 모든 코치들이 이를 최고의 우선순위로 삼아야 한다고 생각한다.

코칭 상자 안에 든 선물

나는 '눈에는 눈, 이에는 이' 라는 사고로 우리 관계를 물질적으로만 보았던 어느 목회자를 코칭한 적이 있다. 그의 머릿속에는 온통 돈 생각뿐이었다. 그는 인생에 대해 흑백논리로 접근하는 자신의 모습에 자부심을 느꼈다. 나와 함께 보내는 시간이 과연 자기 자신에게 이득이 되는지의 여부만 따지려 들었다. 그와 시간을 보내면서 나는 그가 꽤 심각한 상태임을 느꼈다. 그러나 상대가 돈에 집중하고 '무엇을 얻을까' 에만 신경을 쓴다면 코칭 관계는 바로 설 수가 없다. 관계 속에서 어떤 때는 집중적인 가르침이 필요하기도 하고 어떤 때는 여유 있게 웃고 떠들며 담소를 나누는 시절도 있다. 하지만 모든 시간이 값진 만큼 이 모든 여정이 다 코칭의 길이다.

짐 콜리 목사와 나는 가까운 친구 사이인데, 나는 3년 동안이나 매달 한 번씩 멀리 애리조나까지 비행기를 타고 가서 코칭을 했다. 한 번 만날 때마다 하루 반나절을 함께 보냈다. 잡담도 나누고, 심각한 토론도 하고, 강의도 하고 식사도 즐기고, 그가 사역하는 교회 사람들과 만나고, 커피를 마시며 이야기 꽃을 피우는 일이 나의 코칭 방식이었다. 그렇게 짐과 함께 보내는 시간이 많아지고 친해질수록 내 코칭에 권위가 선다는 사실을 알 수 있었다.

관계가 든든하면 모든 것이 조합을 이룬다. 특히나 친구 관계는 목회자를 대상으로 하는 코칭을 순조롭게 해준다. 친구 관계가 아니라면 여정은 산만하고 힘겨워진다. 재미와 웃음, 가족에 대한 안부 등이 모두 코칭의 필수이기 때문에 이를 간과하면 코칭은 산만해질 뿐더러 열매도 기대할 수 없다. 코칭은 그저 좋은 결과를 얻는 것 이상이다. 그런 점에서 친구 관계는 이 모든 것을 이어주는 접착제와도 같은 역할을 한다.

대부분의 코치들은 많은 일을 해결하는 데 관심이 많다. 하지만 명심하자. 상대를 잘 알기까지 충분한 시간을 확보하는 것도 그만큼이나 중요하다. 모든 게 일과 사역에 관한 것뿐이라면 코치는 더 깊은 부분까지 파고 들어갈 수가 없다.

밀물과 썰물의 시기

폭포에서 물이 쏟아지는데 바위를 깨뜨릴 정도로 물줄기가 굉장히 강한 모습을 상상해보라. 코칭을 하다보면, 강도가 절정을 이루어 폭포처럼 그 에너지가 콸콸 흘러나오는 때가 있다. 또 어떤 때는 잔잔한 연못 속의 물처럼 아무 일도 없는 때도 있다. 많은 깨달음이 오기도 하는가 하면 그다지 특별할 것도 새로울 것도 없는 시간이 있고, 또 다시 몇 주 동안은 이어지는 흥분을 주체할 수 없을 정도로 흡족한 깨달음의 시간이 오기도 한다. 변화는 이렇듯 불규칙적으로 나타날 때가 많다.

생각해보자! 멋진 숫자와 통계가 가득한 보고서를 받고도 행복할 때가 있고, 어떤 때는 눈앞에 골짜기만 펼쳐 보이는 것만 같은 때도 있지 않은가. 내가 코칭하는 한 목회자에 관해 이렇게 기록한 적이 있었다. "그는 조그만 목표 하나에 도달하자마자 하늘을 날 듯 하더니 4개월이 지난 지금은 잔뜩 가라앉았다. 왜일까? 혹시 교회에서 중요한 사람들이 교회를 떠났기 때문일까. 그는 아쉽게도 낙담하고 있다."

소그룹 사역의 밀물과 썰물 현상을 얘기하는 부분이다. 자연스럽고 정상적인 과정의 한 부분인 것이다. 풍부한 통찰력에 뭐든 척척 진척 된다 싶으면 코치는 평소보다 두 배를 움직여야 한다. 조만간 찾아올 소강 시기를 준비하는 것이다.

밀물과 썰물은 자연스런 현상일 뿐, 지도력이나 능력 부족 때문만은 아니다. 하지만 이런 일이 발생할 것이라는 점은 예상하고 있어야 한다.

비밀 지키기

관계 여정의 핵심 요소는 비밀을 확실하게 지켜주는 것이다. 대상자와 코치 사이에 나눈 이야기가 절대 새나가지 않는다는 확신이 있어야 한다.

코치는 이 일에 있어서 수정처럼 맑아야 한다. 대상자가 코치인 나에게 자기 속마음을 나누었음을 기억하라. 자기 존재의 한 부분을 열어 보인 것이다. 훈련된 상담사처럼 코치 역시 타인에게서 얻은 비밀스런 정보를 절대로 나눠서는 안 되고, 상대와 나눈 비밀 정보 역시 절대로 흘려서는 안 된다. 마리 디 힉스의 《코치 지도자

Leader as Coach》라는 책에 나온 글을 살펴 보자.

내부 정보를 나누거나 남을 비판하는 말을 해서 사람들을 몰래 끌어 모으고픈 욕망이 무척 강렬해질 수 있다. 비록 짧은 시간에는 상대에 게서 특별한 신뢰를 받고 있다는 느낌을 얻을 수 있지만 사람들의 비 밀을 폭로하고 비판하게 되면 결국 사람들은 자신의 취약성과 연약 함과 걱정거리를 당신에게 기꺼이 나누고픈 마음을 접을 것이다.[16]

코칭 환경이란 대상자가 진실을 나눌 수 있는 장소와 안전감을 느낄 수 있는 환경을 뜻한다. 이는 좀 미묘한 부분일 수도 있다. 간 혹 코치가 자신이 아는 것을 대상자에게 모두 말하다보면 다른 대 상자가 경험한 것까지 이야기를 하게 되는 경우도 있기 때문이다. 앞서 말했듯이, 결코 그런 행동을 해서는 안된다.

그래서 나는 다른 교회를 예로 들어야 할 경우가 생길 때면 아 주 긍정적인 부분만 언급한다. 교회를 세우기 위해 애쓰는 그곳 목 회자를 존중하기 때문이다. 그리고 너무 자세한 언급도 피한다.

《성공하는 사람들의 7가지 습관》의 저자 스티븐 코비는 어떤 사 람이 타인에 대해 나쁜 말을 할 때, 그와 이야기를 나누던 사람은 불안감을 느낀다고 강조했다. 언젠가는 자신도 미래의 가십거리가 될 것임을 알기 때문이다. 코치라면, 악한 말은 버리고 정결함을 지켜야 한다.

단순하면서 실질적인 진리

자, 좀 더 실질적으로 가자. 코치들이여, 당신이 돌보는 소그룹 지도자와 어떻게 친구가 될 수 있을까? 여기 몇 가지 제안이 있다.

- 되도록 집으로 초대하라. 내 가족과 반려동물과 생활 모습을 직접 보게 하자. 그러다 보면 공통의 화젯거리가 생길 수 있다.
- 나가서 함께 차를 마시며 이야기를 나눈다.
- 만났을 때는 언제나 먼저 상대의 가족 근황과 다른 사람의 안부를 물으면서 대화를 시작한다.
- 상대에게 의미 있는 일을 마련해보자. 아주 멋들어진 생일 축하 카드를 보내거나, 생뚱맞고 재미있는 편지를 써서 불쑥 보내본다.
- 가급적이면 함께 운동을 하거나 일상 활동을 같이 한다.

• 대상자를 위해 매일 기도한다(영적 교제를 견고하게 해준다).

사실 이 정도 원칙이야 어느 정도 알고 있을 것이다. 그런데 혹시 몰랐다면 지금이라도 시작하기를 권한다. 자신이 코칭하는 대상자와 신실하고 다정한 관계를 세우고 싶다면 말이다. 내가 그러했듯 여러분도 이 단순한 진리가 얼마나 대상자의 삶에 강력한 영향을 미치는지 발견하게 될 것이다.

6

모든 리더에게
필요한 변화

YOU CAN COACH

사람들을 돕는 일에는 모든 그리스도인이 참여해야 한다. 이 분야에 탁월한 사람들이 있기는 하지만 그렇지 않은 그리스도인도 일상의 다른 부분에서라도 도울 기회를 잡아야 한다.

하나님은 여러분 안에서 활동하셔서, 여러분으로 하여금
하나님을 기쁘게 해 드릴 것을 염원하게 하시고 실천하게 하시는 분입니다. _빌 2:13, 새번역

나(벤 왕)는 8형제 가운데 막내로 태어났다. 그런데 다른 형제들은 모두 학교에서 성적이 뛰어난 학생들이었던 반면 나는 머리를 써야 하는 공부보다는 몸을 쓰는 운동이 더 적성에 맞았다. 그러한 성향 때문에 내가 제일 좋아하는 운동은 배드민턴이었다.

배드민턴이 국민 스포츠인 인도네시아에서 자랐기 때문에 자연스럽게 배드민턴을 어떻게 쳐야 하는지 알았다. 아무도 내게 치는 법을 가르쳐주지 않았지만 혼자 터득할 정도였다. 하지만 더 잘 치는 법에 대해서는 누구에게도 배우지 못했다.

14살이 되었을 때 나는 다시 홍콩으로 돌아갔다.[17] 그리고 고등학생이 되었을 때는 학교 배드민턴 팀에 지원했다. 태어나서 처음

으로 코치의 지도를 받았는데 일주일에 3번씩, 방과 후에 연습을 했다.

그런데 나는 그때 훈련을 통해 배드민턴 치는 법을 바꿔야 한다는 사실을 알게 되었다. 그동안 나는 팔과 팔꿈치 힘을 사용하여 셔틀콕을 쳤는데 바른 방법은 손목의 힘으로 치는 것이었다. 코치는 나에게 공중에서 팔을 곧게 뻗고 손목을 이용해 셔틀콕을 쳐야 한다고 가르쳐주었다. 또 발을 넓게 벌려 스텝을 밟는 법도 알려주었다.

코치의 지도를 받자 내 배드민턴 실력은 확연히 달라졌다. 훨씬 나은 선수가 된 것이다. 경기에 나가 이기기 시작했고 학교 대표로 시합에도 나가게 되었다. 코치 덕분에 얼마나 많은 게 달라졌는지 모른다.

졸업을 한 뒤에도 나는 계속해서 배드민턴을 쳤다. 코치가 지도해주는 동아리 모임에 가입해서 꾸준히 실력을 쌓아 나갔다. 나는 내 실력에 만족하지 않고 코치를 통해 피드백을 받고 싶었다. 코치의 역할은 나의 실력 향상에 큰 영향을 주었다.

코칭의 힘

어머니가 독실한 그리스도인이셨기 때문에 나는 어릴 때부터 교회를 다녔다. 교회를 다니는 일은 우리 가족에게 자연스러운 일상이었다. 인도네시아에서 홍콩으로 돌아와서 나는 누나가 다니는 교회의 학생부 활동을 하며 누나를 따라 성가대에 들어갔다. 주일예배를 마치고 연습을 해서 다음 주일이면 성가대에 섰다.

16살이 되었을 때 부모님은 나를 호주[18]로 보내셨다. 그때에도 여전히 교회를 다니기는 했지만 어머니가 원해서였다. 그래서 나는 나 스스로를 그리스도인이라고 생각하지 않았다.

1970년, 대학 1학년 때 네비게이토Navigator라는 단체에 들어갔다. 그곳 사람들은 내가 그리스도인으로 자라가도록 힘껏 도와주었다. 네비게이토 동료였던 더그는 내 코치였고 우리는 매주 세 번씩 만나 즐거운 시간을 보냈다. 더그와 같은 코치를 만난 덕에 내 삶은 몰라보게 달라졌다.

더그는 내 신앙뿐 아니라 삶의 모든 영역이 성장하도록 도와주었다. 나는 다른 사람들과 관계하는 법을 잘 모르고 수줍음도 많은 사람이었는데, 더그는 이런 내 성격이 바뀌도록 도와주었다. 덕분에 내 믿음은 더욱 강하게 자라났고 오늘날까지 이어졌다.

호주에서 만나 제자 훈련을 했던 사람들은 대부분 말레이시아 출신이었다. 그래서 얼마 전에 그들을 만나려고 말레이시아로 갔다. 이들을 다시 만나니 어찌나 기쁘던지! 지난 30년 동안 제대로 왕래가 없었는데도 모두 강하고 풍성한 그리스도인의 삶을 살고 있어서 흥분이 될 정도였다. 대부분이 교회와 사역에서 중요한 역할을 감당하고 있었다. 이처럼 코칭은 정말 효과가 있다! 코칭은 우리의 인생에 틀림없이 변화를 가져온다!

1979년, 신학교에 들어간 나는 학생들 대부분이 코칭을 받은 적이 없다는 사실에 다시금 충격을 받았다. 그들은 그리스도인의 삶 속에서 겪는 모든 어려움을 혼자서 감당하고 있었다.

내가 다니던 신학교에는 학생들을 코칭하는 시스템이 없었다. 물론 어려움이 생길 때 상담 요청이 가능했지만 정기적으로 만나는 멘토나 코치는 없었다. 교수들 역시 코칭을 받아 본 적이 없었다. 심지어 그들은 다른 사람을 코칭할 마음도 없고 어떻게 하는지 배울 마음도 없었다.

학교를 졸업한 뒤 나는 15명의 성도가 있는 교회의 목사가 되었다. 스스로 부족하다고 생각했고 어떻게 목회를 해야 할지 막막했다. 3년 동안 신학교에서 배운 내용은 사역에서 만나는 어려움을 해결하기에 역부족이었고 실질적인 도움과 조언을 줄 만한 사람이 절실하게 필요했다. 목회자로 살아가는 내 여정에 항상 함께해 줄 코치 말이다.

다행스럽게도 나는 교인들을 코칭하는 법과 그리스도를 닮아가는 삶을 살도록 도와줄 방법을 어느 정도 알고 있었다. 뒤돌아보면 내 첫 사역지에서 성공할 수 있었던 핵심이 바로 그것이었다. 내가 그곳에 있는 동안 교회는 500퍼센트가 넘게 성장했다.

그로부터 16년이 지난 뒤 나는 하나님께 성도 4명과 다시 새로운 교회를 개척하라는 부르심을 받았다. 우리는 일대일 멘토링 시스템을 도입했다. 모든 성도가 다른 사람을 코칭하기에 앞서 먼저 코칭을 받았다.

처음에 우리는 코칭의 대상을 평범한 서민들로 잡았다. 평범한 사람들을 적극적으로 전도해서 특별한 사람들이 되도록 하는 것이 우리의 목표였다. 오늘날 그 목표가 상당히 달성되었다고 말할 수 있다. 우리의 목표대로 현재 우리 교회 지도자들 대부분은 우리가 훈련시킨 보통 사람들이다. 우리가 파송한 50여 명의 장기 선교사들 역시 우리의 코치를 받고 변화된 평범한 사람들이다.

모든 목회자에게 필요한 변화

교회가 성장하기 시작하면서 우리는 주변 다른 교회 목회자들과 네트워크를 형성했다. 목회자들과 교제를 하면서 이들 상당수가 혼자서 고군분투하고 있음을 보았다. 다들 혼자서 일인극을 하고 있었기에 참으로 외로운 사람들이었다.

세계적으로 성도 100명이 안 되는 교회가 전체의 80퍼센트를 넘는다. 작은 교회 목회자들은 대부분 아주 성실한 사람들이지만 100명의 벽을 넘기기란 아무리 노력해도 쉽지 않다. 그래서 많은 이들이 패배감을 느끼면서 마음에 상처를 안고 있다.

4년 전, 우리 교회의 목회자 중 한 명인 캐더린이 다른 교회의 여성 목회자인 안나를 만났다. 안나는 20년 이상 신실하게 하나님을 섬겨온 사람이었다. 그렇지만 캐더린이 안나를 직접 만나보니, 안나는 사역에 대한 부담감 때문에 날마다 두통에 시달렸고, 무기력한 일상을 보냈으며 각종 스트레스로 인해 힘들어했다.

10년 전 안나는 몇 명의 성도들과 함께 모(母)교회에서 파송을 받고 교회 개척을 시작했다. 처음 몇 년 동안은 잘되었고 어느 정도 성장도 있었다. 그런데 교회 안에서 갈등이 생기고 그 실망감에 사람들이 떠나면서 성도 수는 급격히 줄었고 안나도 엄청난 부담감을 느끼기 시작했다. 상황이 어렵게 되자 모교회에서는 개선을 요구하며 1년 안에 상황이 나아지지 않으면 문을 닫겠다고 하였다.

캐더린이 안나를 만났을 당시 안나의 마음은 갈갈이 찢겨져 있었다. 캐더린은 훈련받지 않은 코치였지만 안나에게 다가가 친구가 되어주고 싶은 마음이 생겼다. 하나님은 안나에게 확신과 비전을 회복시켜주기 위해 캐더린을 사용하신 것이다.

목회자와 교회를 돕는 다양한 주제로 세미나와 훈련 코스가 많지만 내 경험으로 볼 때 그다지 목회자에게 도움이 되지는 않았다. 사실 세미나 강의를 열심히 듣고서 변화가 일어나기란 쉽지 않은 일이다. 이들 목회자에게 필요한 건 옆에서 함께하며 친구가 되어주는 사람이기 때문이다. 영감을 주고 좋은 실례를 보여줄 사람이 필요한 것이다. 코칭은 경험 많은 목회자들만 할 수 있는 일이 아니다. 교회의 크기와 상관없이 다른 교회를 돌아보는 운동을 일으키는 것이 우리의 소원이었다.

하나님은 내게 다른 목회자들을 코치하라고 마음의 부담을 주셨지만 어떻게 해야 하는지 알 수가 없었다. 성도들을 코칭하는 법은 알고 있었지만 목회자 코칭은 아니었다. 하지만 반드시 해야 할 일이라는 걸 깨달았다.[19] 그래서 1994년부터 목회자 코칭 법을 찾기 위한 나의 여정이 시작됐다.

다른 목회자를 코치하는 일이 지금은 나의 꿈이자 열정이 되었다. 내 꿈은 모든 목회자가 코칭을 받고, 추후에는 그들 자신이 코치가 되는 것이다.

우리는 1987년 후반에 7명의 어른과 3명의 아이들로 교회를 시작했다. 후원도 없고, 코치도 없고, 모일 장소조차 없었다. 그러나 우리에게 배우겠다는 사람이 있으면 기꺼이 가르칠 준비가 되어 있었다. 그래서 미약한 교회지만 우리는 세미나와 훈련을 지원하면서 다른 이들을 도왔다.

1989년에 하나님이 분명히 내게 말씀하셨다.

"본이 되는 교회를 먼저 세워라."

이론과 세미나와 가르침은 많지만 실제적으로 모범을 보이는 교회가 적다는 것을 깨달았다. 사람들에게 보여주어야 할 것은 바로 실질적으로 행하는 교회였다.

우리는 하나님의 음성을 들으면서 본보기가 되는 교회를 세우려고 무진장 애썼다. 하나님만을 전적으로 신뢰하면서 프로그램이 아닌 사람을 중심으로 생각했다. 그래서 우리는 제자를 삼고 선교하는 교회로 변화시키겠다는 각오로 열심히 노력했다.

그 기간 동안 우리는 모범을 보이는 것이 코칭에서 가장 중요하다는 것을 매우 중요한 원칙으로 세우게 되었다. 사실은 상황이 그럴 수밖에 없었다. 사람들을 코칭할 때는 우리 자신의 생활이 먼저 본이 되어야 한다. 교회를 코칭할 때는 우리의 사역이 본보기가 되어야 한다. 기억하자. 코칭은 가르치는 것이 아니라 체험하는 것이다!

도움받고 돕기 위해

1994년이 되자 하나님은 이제 다른 교회를 도울 시기가 되었다는 신호를 보여주셨다. 그래서 자유롭게 정보를 나누고 다른 교회를 돕고 싶은 여러 교회들과 함께 네트워크를 만들었다. 7명의 목회자들이 네트워크의 조정 위원회를 맡았다. 위원회에 가입하는 조건은 단 하나, 아무런 조건이나 이유 없이 다른 이를 섬기는 것이었다. 우리의 좌우명은 이러했다.

"내 교회가 네 교회고, 네 교회가 내 교회다. 오직 예수 그리스도의 교회만이 유일한 교회다."

교회 하나만으로는 홍콩 전체에 복음을 전할 수 없음을 잘 알고 있었다. 모든 교회가 든든하게 서고 부흥해야만 도시 전체에 영향을 미칠 수 있다. 이러한 영향력을 위해 네트워크는 꼭 필요한 존재였다.

목회자들은 일반적인 수준에서 하나 됨을 이야기했지만, 실질적인 의미에서 하나 됨은 내 교회만큼이나 타 교회의 이익을 우선시하는 것에 있음을 알게 되었다. 예수 그리스도의 교회를 이루는 한 지체이기에 교회끼리 서로 도와야 한다는 것도 깨달았다. 다른 교회도 우리 교회만큼이나 중요하다는 사실을 인정할 때 어떤 조건도 이유도 붙이지 않고 손을 내밀어 도울 수 있었다.

그렇지만 우리의 경험상으로 볼 때, 대부분의 목회자들은 자기 교회에 뭔가 이득이 될 것이 있을까 하는 마음에 네트워크에 참여

한다. 뭔가를 얻으려는 동기로 찾아오는 것이다. 네트워크를 통해 뭔가 새로운 것을 얻을 것이 없다 싶으면 더는 찾지 않는다. 이들을 다시 만나려면 새로운 자료나 정보를 제공해야 한다는 것을 알게 되었다.

다른 교회와 나누고 베풀어야 한다는 마음을 지닌 교회는 실제로 그다지 많지 않다. 다른 교회를 위해 네트워크에 참여한다는 개념은 목회자들 사이에서 별 인기가 없다. 홍콩뿐만 아니라 세계 어디서든 그러하다. 그래도 15년 동안 지속적으로 다른 교회와의 나눔 사역을 하다 보니 '네 교회가 내 교회다.'라는 가치가 점차 자리를 잡아가고 기꺼이 나누려는 모습이 보여서 참으로 가슴이 벅차다. 씨뿌리는 일을 지속하다보면 언젠가는 거두어 들이듯이, 결과만을 바라고 한 일은 아니지만 뿌듯하기 그지없다.

교회 사이의 네트워크

네트워크 위원회는 매달 모여 훈련과 세미나를 계획했다. 우리는 목회자를 위한 캠프를 기획했고 교회 내의 실질적인 문제 해결을 위한 훈련을 제공했다. 여러 단체들을 초대하여 교회와 교회 사이에 네트워크 형성을 도왔고 이러한 프로그램들이 큰 도움을 주었지만 오랜 기간 결과를 놓고 보았을 때 코칭이 훨씬 효율적이었다. 목회자들에게 갈 길을 네비게이션처럼 제시하는 게 아니라 그 길을 함께 걸어가면서 근본적인 문제해결을 도모하는 일이 코칭이기에 더 만족스러운 결과를 얻게 된다.

몇 명의 목회자들과 코칭 후원 그룹을 결성했다. 이 모임은 3년 동안만 지속될 것임을 이들에게 당부했다. 이들이 내 코칭을 받고 성장해 자체적으로 사역을 키우는 것을 보고 싶었기 때문이었다. 우리는 2주에 한 번씩 만나 서로를 지지하고 멘토해주기로 했다.

모임에서 각자의 삶과 어려움을 나누었다. 대부분 좋은 남편과 아버지가 되는 필요에 관해 상당 부분을 할애했다. 사역의 기본이 가정이므로, 그 안에서 먼저 성공해야 했다. 그리고 각자 살아온 인생에 대해 이야기하고, 하나님을 만난 경험과 현재의 신앙 상태에 대해서도 이야기를 나누었다.

나는 목회자들이 자신의 인생 전반을 평가하고 살펴보는 습관을 들이도록 주도했다. 깊이 있는 자기 성찰과 하나님의 음성을 듣는 일에 자신의 삶을 드리는 헌신이 목회자가 성장하는 중요한 부분이라고 확신했기 때문이다.

나는 목회자들과 개인적인 시간도 갖고 그들이 시무하는 교회도 방문할 기회를 얻었다. 또 함께 재미있는 시간도 보냈다. 그렇게 단단하게 믿음을 다지고 교제의 끈을 놓지 않은 덕에 오늘날까지도 관계가 이어지고 있다. 3년 동안 함께 지내면서 우리는 서로의 성장을 도왔고 함께 시간을 보낼수록 하나님은 우리를 변화시켜 주셨다. 이 관계를 통해 내가 배웠던 큰 교훈 중 하나가 '누구든 코칭 관계를 통해 하나라도 배운다.'는 것이다. 우리들 모두 코치가 필요하다.

목회자와 교회를 대상으로 코치한다는 개념은 여전히 생소하게 들린다. 특히 아시아 문화권에서는 교회를 돕고 코치를 양성하는 전문 단체(NCD, 코치넷 국제 미니스트리, 교회 코칭 솔루션 등)에서 훈련받고 인증을 얻지 않고서는 목회자나 교회를 코치하는 일은 생각도 할 수 없다.

수년 전, 중국에서 코치가 되기를 원하는 목회자들과 코치를 받기를 원하는 목회자들이 어렵게 모인 적이 있었다. 그래서 그 두 그룹에 속하기를 원하는 사람들을 일대일로 묶어준 뒤 코칭이 제대로 이루어졌는지 파악해보았다. 몇 달 뒤 확인해보니, 코칭이 제대로 이뤄지지 못했다. 원인을 찾아보니 대다수 중국인들에게는 첫 대면한 사람을 찾아가서 "이제부터 내가 당신 코치요."라고 말하는 것이 너무 힘겨운 일이었다. 동료뻘 되는 사람을 자신의 코치로 인정하는 것도 쉽지 않은 일이었다. 그래서 중국에 더 많은 코치를 양성하려 했던 시도는 수포로 돌아가고 말았다. 완전히 실패한 것이다.

결국 아시아 문화권에서 평범한 목회자가 다른 목회자를 대상으로 코칭하기 위해서는 먼저 새로운 분위기가 조성돼야 한다는 결론을 얻었다. 코칭이 전문가나 힘든 자격증을 딴 사람만 하는 일이 아니라는 것을 알려줄 필요가 있었다.

당신도 코치가 되라

게리 콜린스는 그의 책 《사람을 돕는 사람이 되는 법*How to be a People Helper*》에서 상담은 특별 훈련을 받은 사람뿐 아니라 평범한 그리스도인들도 할 수 있다고 주장한다. 교회를 이루고 성도의 공동체가 되는 데 있어 상담은 매우 중요한 부분을 차지한다고 그는 확신한다. 혹자는 이를 '사람을 돕는 일'이라 부르기도 하겠지만, 콜린스는 본질적으로 이를 '상담'이라 역설한다.

훈련을 못 받거나 부족하더라도 다른 사람을 효과적으로 돕는 이가 될 수 있다. 이를 다르게 묘사한다면 돌봄, 격려, 필요 충족, 접근, 지원, 친구 되기라 말할 수 있다.

상담은 교회에 있어서 아주 중요한 부분을 차지할 수 있고 또 반드시 그래야 한다. 사람들은 문제를 안고 있고, 그 문제를 돌보고 지원하는 일은 살아 있는 교회 공동체의 몫이다. 목회자나 훈련 받은 전문 상담가만 하는 일이 아니라 평범한 그리스도인들도 책임지고 타인들의 필요를 돌아보아야 한다.[20]

사람들을 돕는 일에는 모든 그리스도인이 참여해야 한다. 이 분야에 탁월한 사람들이 있기는 하지만 그렇지 않은 그리스도인도 일상의 다른 부분에서라도 도울 기회를 잡아야 한다. 사실 사람들은 힘겨운 문제앞에서는 실제적이고 일상적인 이야기를 더 나누고 싶어한다. 그래서 '평범한' 그리스도인들이 비록 훈련은 부족하다고 하더라도 상당한 영향력을 미칠 수는 있는 것이다.

전도는 훈련받은 교회 일꾼들이나 은사 받은 전도자들만의 전유물이 아니라 교회의 모든 사람들이 해야 할 일임을 우리 모두는 알고 있다. 또 어려움에 처한 사람을 돌보는 일 역시 전문 사회구제 단체만의 일이 아니라 예수님을 아는 그리스도인이라면 모두가 해야 할 몫이다.[21] 상담 훈련을 받았거나 전도 훈련과 은사를 받은 사람들을 불신하며 하는 말이 아니다. 다만 자신이 감당할 정도의 상담과 은사에는 모든 사람이 참여해야 한다는 걸 말하는 것이다.

마찬가지로 이유로 모든 목회자들이 코칭 사역에 뛰어들 필요가 있다. 그 이유를 간단히 답하자면 '목회자 돕기'가 목적이다. 특별한 훈련이 없어도 다른 목회자들을 효과적으로 돌볼 수 있는 목회자들이 많다. 코칭을 하기 위해 꼭 많은 훈련을 받아야 하는 것은 아니다. 사실상 격식을 차린 훈련과 자격증을 기반으로 한 코칭 운동보다는 다른 목회자들을 돕고 새로운 길을 배우고 싶은 열망에서 시작되는 코칭 운동이 우리에게는 더 중요하다. 콜린스는 이렇게 말했다.

책을 읽고 공부를 해야 효과적으로 사람들을 돕는 법을 배운다고 생각해서는 안 된다. 사람들과 교제를 나누는 것도 그들을 돕는 일이다. 최고의 도우미는 자신의 기술을 활용하고 다른 사람들의 삶으로 찾아 들어가는 이들이다.[22]

눈에 띄는 변화

일본

'코칭 네트워크'라는 아이디어가 떠오른 건 4년 전 일이다.[23] 그 실험은 일본 간사이 지방에서 만난 두 명의 목회자와 저녁 식사를 하면서 시작되었다.[24] 힘겹게 고군분투하는 목회자들과 이들을 기꺼이 섬기고자 하는 코치들을 함께 모으자는 게 내 생각이었고, 나는 기꺼이 그 촉매 역할을 감당하고 싶었다.

우리는 함께 일 년에 4차례 소규모 세미나를 열기로 했고, '코칭'이라는 개념을 소개하기 위해 내가 직접 강사로 나서기로 했다.[25] 코치 한 사람씩 자신에게 지정된 대상자와 만나 세미나에서 배운 코칭 원칙과 생활 전반에 관해 이야기했다. 위탁 기간은 1년이었고 이후에 위탁 갱신이 가능했다. 일본 간사이(오사카 지역)에서 처음 시작할 때 기꺼이 동참했던 목회자는 모두 4명이었는데 정확히 4년 뒤, 코칭 네트워크는 26명의 코치와 60개 참여 교회로 확장되었다.

알다시피, 일본의 기독교 성장은 매우 더디다. 150여 년이 지났지만 일본 인구 중 기독교 인구는 0.5퍼센트도 되지 않는다. 일본에서는 교회와 관련된 모든 일이 매우 느리게 진행된다. 그런데 코칭 네트워크가 빠른 속도로 확장되니 이를 지켜보는 많은 사람이 얼마나 충격을 받았겠는가? 네트워크를 확장시키려고 특별한 전략을 썼던 것도 아니고, 중앙 운영 조직이나 계획 부서가 따로 있었던 것도 아닌데 말이다. 하나님이 참으로 놀랍게 인도하고 계시다.

더 흥분되는 사실은 우리의 코칭 네트워크가 코치의 추진력을 통해서가 아니라 코칭을 받았던 대상자들과 교회가 극적으로 변했기 때문에 급속하게 성장하고 있다는 점이었다. 그 한 사례가 2007년에 일본 간사이에서 시작된 코칭 네트워크가 간토(도쿄 지역)까지 확장된 일이다. 그 성공적인 이야기 중 오사카 지역에서 활동한 5명의 코치가 있었는데, 그 중 나이가 가장 어렸던 존의 이야기를 해보겠다.

존은 나이도 많고 경험도 많은 다른 목사님과 더불어 코치로 임명받았다. 여느 코치들과 마찬가지로 존 역시 코칭 사역을 해본 적은 없지만 기꺼이 시도했고 존은 훌륭하게 맡은 일을 해냈다. 존이 맡은 대상자는 조지라는 목회자였는데 조지는 당시 교단의 압력과 교회 성도의 배신으로 사역을 그만 두고 싶을 만큼 낙담에 빠져 있었다. 이렇듯 절망적인 순간에 조지는 존에게 전화를 했고, 존은 1시간 반을 달려 영혼의 밤을 보내고 있던 조지를 찾아갔다.

훗날 조지는 이렇게 말했다. "존과 같이 진정한 친구가 되어줄 수 있는 사람과 코칭 관계가 형성되어 있지 않았더라면 지금쯤 저는 사임을 하고 아무런 사역도 하고 있지 않았을 겁니다." 이렇듯 존이 코치 역할을 잘 감당한 덕분에 1년 뒤에는 또 다른 목회자도 코칭하게 되었다.

60대라는 나이에 한 교회에서 40년 이상 목회했던 피터 목사도 한 예다. 피터는 교회 성장을 위해 부단히도 노력했지만 20년 동안 겨우 20명 정도의 성도만 모였다.

피터 목사는 사모에게 이렇게 말했다고 한다. "이런 식으로 내 목회 인생이 마무리되는 걸까? 우리 교회는 영영 변화라는 게 없을까?" 이 무렵 그는 코칭 네트워크에 합류하게 되면서 교회가 너무 목회자 한 사람에게 의존하고 있었음을 깨달았다. 피터 목사는 자신이 새롭게 깨달은 바를 교인들에게 나누기 시작했고 교회의 분위기도 바뀌기 시작했다. 피터 목사와 교인들은 코칭 네트워크에 속한 셀교회를 방문했고, 이를 통해 60~70대 연령층을 대상으로 소그룹 모임을 시작했다.

이후 이들은 지역 사람들을 찾아가기 시작했고, 사람들은 소그룹 모임을 통해 예수를 만나게 되었다. 그리고 교회는 지역 사회와 더욱 견고한 관계를 세울 수 있었다. 지역 TV 방송국에서 이 교회의 사역 소식을 듣고 교회를 찾아와 교회의 새로운 변화와 사역에 대해 보도했다. 그 교회를 통해 지역의 다른 교회가 힘을 얻었고, 노인 성도로 구성된 작은 마을의 작은 교회라도 지역 사회에 엄청난 영향력을 발휘할 수 있음을 증명했다.

피터 목사는 "코칭을 받지 않았더라면 계속 절망에 빠져 뭘 해야 할지 모르고 헤맸을 것입니다. 하지만 코칭 덕분에 지금은 엄청난 변화를 경험하게 되었습니다."라고 회상한다. 현재 피터 목사뿐 아니라 교회 성도들까지도 주변 마을의 다른 교회들을 코치하며 섬기길 소망하고 있다. 거저 받았으니 이제는 거저 주려는 것이다.

일본에 코칭 네트워크를 도입한 지 겨우 4년이지만 이런 간증들이 아주 많다. 다들 입소문과 간증을 통해 모인 결과다. 무관심 때문에 이혼 직전에 있던 목회자 가정의 회복 간증도 있다. 또 서서히 변화되는 교회가 있는가 하면 극적으로 변화되는 교회도 있었다. 거의 모든 목회자들이 코칭으로 유익을 얻었고, 결과적으로 교회는 더욱 건강해지고 건실해졌다. 현재 코치로 섬기는 목회자는 26명쯤 된다. 그 중 어느 한 사람도 이전에는 코치가 되겠다는 꿈을 꿔본 적이 없다는 점이 참으로 흥미롭다. 게다가 이들 중 다수가 코칭 네트워크에 함께 참여하기 전에는 그들 스스로 힘겨운 사역을 했었지만 지금은 다른 이들을 코칭하고 있다.

이처럼 하나님이 코칭 네트워크를 통해 일본의 많은 목회자들이 축복을 받을 수 있는 잠재력을 보게 하셨다. 또한 평범한 목회자들이 다른 목회자들을 효과적으로 코칭하는 모습도 보았다. 하나님은 이들을 통해 어느 목회자도 홀로 외롭게 서지 않게 도우신다.

홍콩

2년 전에 홍콩에서도 비슷한 성격의 코칭 네트워크를 시작했고, 현재 9명의 코치와 40군데 이상의 교회가 참여하고 있다. 거기서도 감동적인 이야기는 이어지고 있다!

앞에서 20년 동안 하나님을 성심껏 섬겼지만 교회 안에 분쟁으로 골머리를 앓으며 낙담에 빠진 여성 목회자 안나 이야기를 했었다. 다른 여성 목회자인 캐더린이 안나를 2006년부터 코치했고, 안나는 2007년에 코칭 네트워크에 합류했다. 그 뒤로 캐더린은 계속 안나를 코치하고 있다.

현재 안나는 행복한 목회자로 사역하고 있고, 교회도 극적인 변화를 체험했다. 교인들은 하나님을 향한 열정으로 가득하고 소그룹 모임에 적극적으로 동참하고 있다. 교회 안에 새로운 생명력이 생겨났다. 2008년에는 6명의 새가족이 주님을 만나 열심히 신앙생활을 하고 있다. 지난 5년 동안 생긴 성도 수에 비해 3배나 많은 인원이다. 지금은 목회자 그룹을 맡아 함께 나누며 배우고 있다. 이들은 서로 웃고 울면서 함께 지낸다.

안나는 더 이상 외롭지 않다. 목회 사역 여정의 동반자가 되어줄 친구들이 있고, 함께할 가족이 있기 때문이다. 또 캐더린 목사 교회의 성도 9명이 옮겨와, 교회가 소그룹 체제로 변환되는 일을 도왔다. 네트워크는 이처럼 큰 가족과 비슷하다. 누군가 도움을 필요로 하면 나머지는 어떻게 해서든 힘을 다해 돕는다.

네트워크가 확장되는 속도를 보면 정말 놀라지 않을 수 없다! 코칭을 받던 목회자들이 보조 코치가 되었다. 자신이 받은 복을 흘려보내고 싶은 것이다. 과거에는 뭔가를 얻어 보려고 홍콩 '셀교회 네트워크'에 참여하려는 사람이 많았고, 가능한 원하는 것을 다 얻은 후에는 더 이상 참여하지 않았다. 그러나 지금은 코칭을 받은 사람들이 다른 사람들을 섬기고 싶어 한다.

축복의 통로가 되기 위해

우리는 코칭 네트워크를 통해 평범한 목회자가 코치로 바뀌는 것을 보았다. 코치 훈련을 한 번도 받지 않은 목회자들이 지금은 유능한 코치가 되어 또 다른 코치를 양성하고 있는 모습을 말이다. 그들은 코칭을 통해 코치하는 법을 배운 것이다. 코치들은 현재 사역과 정보 교환을 위해 1년에 4번 소규모 세미나로 모인다. 자신감이 없던 목회자들이 과감히 깨어져 다른 이들의 축복의 통로가 되고 있다는 사실이 참으로 놀랍다.

외로운 목회자를 사라지게 하자는 우리의 꿈을 이루려면 목회자 코칭이 하나의 큰 움직임으로 자리 잡아야 한다. 내게 이런 코칭 네트워크를 만들어야겠다는 영감을 준 영화가 있어 소개한다.

2000년도에 나온 〈아름다운 세상을 위하여^{Pay it forward}〉다. 미국 네바다 주 라스베이거스에 사는 12살 초등학생 트레버는 사회 선생님이 내준 과제물을 수행하게 되었다. 세상을 변화시킬 구체적 행동 계획을 짜는 것이 과제였다.

그 날 집으로 돌아오는 길에 트레버는 노숙자를 보고 그의 삶에 변화를 일으켜야겠다고 생각했다. 그래서 '받은 은혜를 제3자에게 갚기 계획^{pay it forward}'을 세웠다. 하루에 세 사람에게 선행을 베풀면, 그 세 사람은 각자 또 다른 세 사람에게 선행을 베풀어서 피라미드식으로 확장해가는 계획이었다. 트레버는 노숙자가 원래 모습으로 회복할 때까지 숙식을 제공하기로 하면서 다른 두 사람을 더 도왔고, 도움을 받은 사람들은 각자 다른 세 사람에게 이를 갚았다. 그렇게 트레버에게서 시작된 은혜 갚기 운동은 전국으로 퍼져나간다.

그러던 어느 날 트레버는 친구들에게 따돌림을 당하는 한 친구를 도와주다가 칼에 복부를 찔리게 되었다. 급히 병원으로 갔지만 결국 숨을 거두게 된다.

트레버의 죽음을 애도하던 수백 만의 사람들도 트레버에게 경의를 표하기 위해 밤새 서 있고, 영화는 먼 곳에서부터 애도 차량이 몰려드는 장면으로 끝난다.

우리의 코칭 네트워크에서도 더욱 많은 사람들이 '은혜 갚기'에 동참하는 것을 본다. 조를 예로 들어보겠다. 그는 코칭을 받기 위해 네트워크에 합류했다. 그는 27년의 역사를 지닌 조그만 교회를 담임하고 있었다. 스스로 자신이 목회에 적합하지 않다고 느꼈고 기질적으로도 내성적이라 생각했다. 갈등하던 가운데, 교회를 떠나야 하는 건지 자문하기에 이르렀다.

그러나 코칭 네트워크에서 코칭을 받으면서 그의 성격이 점점 외향적으로 바뀌기 시작했다. 여러 목회자들의 위로와 격려를 받고, 코치의 격려와 가르침 등을 받으면서 변했다. 지금은 교회 당회원들과 좋은 관계를 맺고 있고, 아내와 자녀들과의 관계도 매우 좋아졌다.

현재 그의 교회에는 8개의 소그룹이 있으며 교인 전체의 75퍼센트가 소그룹에 속해 있다. 또 교인들도 이제는 전도에 힘써서 결국 교회는 눈에 띄게 성장하였다.

코칭을 받은 지 2년이 지난 2009년에 조 목사는 시코쿠 코칭 네트워크에서 코치가 되었다. 또 1년이 지난 지금은 조 목사의 코치를 받은 목회자가 코치로 사역하고 있다. 일본 코칭 네트워크에서 4대 째 목회자가 세워진 셈이다.

더 많은 코치가 필요하다!

다음은 미국 목회자들에 관한 자료지만 세계 대다수 나라도 이와 비슷한 상황이다(2009년 7월 자료).[26]

이러한 수치는 목회자들에게 코치가 필요함을 명확하게 보여주면서 우리에게 경종을 울리고 있다.

목회자의 가정

- 목회 사역이 목회자 가정에 부정적인 영향을 끼친다고 믿는 사람이 80퍼센트다.
- 사역을 하면 가정에 엄청난 위험이 생긴다고 대답한 사람이 33퍼센트다.

모든 목회자들은 도움의 손길을 주고 옆에서 함께 동행해주는 누군가가 있어야 한다. 더 많은 목회자들이 다른 이들을 코치하고자 하는 비전을 품으면서, 이 운동을 더욱 확산시킬 필요가 있다.

바로 다음과 같은 사람이 필요하다.

- 같은 길을 걷고 같은 고민을 하면서 이야기를 들어줄 수 있는 사람
- 자신의 경험을 나누며 기꺼이 친구가 되어줄 사람
- 큰 형님이나 큰 언니 같은 역할을 기꺼이 맡아줄 사람
- 목회 사역을 어떻게 감당할지 모범을 보여줄 만한 사람

도움이 필요한 목회자라면, 어디든지 달려갈 것이다. 목회자들에게 필요한 건 코치다. 지붕 위에 올라가서 소리를 지르고 싶을 만큼 중요한 사실이 있다. 여러분의 마음속에 깊이 피고들 때까지 몇 번이고 반복해서 하고 싶은 말이 있다. 온 세상을 향해 방송하고 싶은, 우리가 여러분을 향해 꼭 하고픈 말, 그것은 '평범한 목회자도 코치할 수 있다'는 것이다!

얼마나 신 나는 일인가! 코칭이 시대를 움직이는 운동이라는 사실을 직접 몸으로 느껴보라!

자신의 무능으로 인한 고통

- 목회자의 90퍼센트가 자신이 사역적인 요구에 대처할 만한 훈련이 되어 있지 않다고 생각한다.

- 목회자의 80퍼센트와 사모의 84퍼센트가 목회를 감당하기에 부족하다며 낙담한다.

- 목회자의 90퍼센트가 사역에 뛰어들기 전에 생각했던 것과 실제 목회는 엄청나게 다르다고 고백했다.

- 목회자의 50퍼센트는 자기 사역에서 요구하는 바를 충족시킬 능력이 없다고 느낀다.

- 목회자의 70퍼센트는 지속적인 우울증으로 고통 받는다.

- 목회자의 70퍼센트는 가까운 친구라 할 만한 사람이 없다.

- 사모의 80퍼센트가 교인들이 자신을 푸대접하고 우습게 여긴다고 느낀다.

- 목회자의 50퍼센트가 낙담에 빠져 할 수만 있다면 사역을 내려놓고 싶은 마음이 들지만 딱히 다른 일을 찾아볼 방도가 없다고 느낀다.

- 사모의 80퍼센트는 남편이 다른 직업 찾기를 소망한다.

- 2008년 한 해 동안 매월 1,700명 이상의 목회자가 사역을 접었다.

하지만 이보다 더 신 나는 게 있다. 코치가 되기 위해 특별 훈련을 받을 필요가 없다. 훈련받지 못한 코치도 목회자들의 삶과 교회가 변화되는 데 일조할 수 있다. 코칭은 반드시 운동이 되어야 한다. 함께 해보자!

7

정상에 오르기까지 인내하라

YOU CAN COACH

코칭에서 말하는 '산 정상'이란 코칭 대상자가 자신의 잠재력에 도달하게 됨을 뜻한다. 우리는 사람들에게 자신도 변할 수 있다는 가능성을 깨닫게 하고, 주어진 잠재력을 성취하며, 하나님이 주신 꿈을 위해 행동하도록 돕는 사람이다.

모든 무거운 것과 얽매이기 쉬운 죄를 벗어 버리고
인내로서 우리 앞에 당한 경주를 하며 _히 12:1

다른 사람을 코칭하는 특권과 기회를 부여받았을 때, 나(새미 래이 스
캐스)에게는 이것이 모험으로 다가온다. 그리고 그런 모험을 통해
우리는 산꼭대기나 정상에 오른다. 하지만 주의할 것은 계속 정상
만 바라보고 있으면 코칭 관계를 망가뜨리고 상대에게 상처를 줄
지도 모른다는 점이다. 이것이 바로 코치들이 빠지지 말아야 할 함
정이다.

코칭에서 말하는 '산 정상'이란 코칭 대상자가 자신의 잠재력에
도달하게 됨을 뜻한다. 이를 실현하는 데 전문적인 훈련이 필요하
지는 않다. 우리는 코칭 대상자가 자신이 변할 수 있다는 가능성을
깨닫고, 주어진 잠재력을 성취하며, 하나님이 주신 꿈을 분명하게

표현하고 이를 위해 행동하게 되기를 소망한다. 이 같은 변화를 경험할 때에 '정상'에 오르는 것을 느낄 수 있다.

변화의 정상에 오르는 건 참으로 기막힌 경험이다. 오래 전 우리 가족은 콜로라도에 갔는데 높이 4,301미터의 파이크스 피크 Pikes Peak Mountain 산꼭대기까지 여행했다. 그 날은 하늘에 구름 한 점 없이 수정처럼 맑았다. 여덟 살 된 딸 사라와 나는 산등성이에 함께 앉아 있었다. 바위 위에 앉아 다리를 흔들거리며 경치를 구경하던 중 딸아이는 결코 잊을 수 없는 한 마디를 던졌다. "아빠, 하나님은 정말 대단해요!" 나는 우리 앞에 펼쳐진 광경과 내 머릿속을 스치는 생각에 마음을 기울이느라 아무런 대답을 못했다. 하나님은 정말 대단한 일을 하셨다! 참으로 숨이 막힐 듯 장엄하기 그지없었다.

코칭의 정상도 아마 이와 같을 것이다. 사람들이 자라나고, 표출하고, 꿈을 크게 펼칠 수 있도록 안전한 환경을 만들어줄 때, 하나님은 그들이 가슴에 담고 있었던 꿈을 활짝 열어 보이신다(시 139:13-18).

그렇지만 우리가 항상 산 정상에 설 수 있는 것은 아니다. 인생에는 골짜기가 존재하는 법이다. 코칭을 비롯하여 무슨 원칙이나 기술이든 이를 숙달하기까지는 기복이 있고, 꼭대기와 골짜기, 지름길과 함정이 더불어 온다. 골짜기란 보이지 않거나 기대하지 못한 어려움이나 덫과 같은 함정을 의미하기도 한다. 대부분의 등산가들과 마찬가지로 우리도 수월하고 고통스럽지 않은 산행을 위해 자신의 실수에서 뭔가를 배운다.

이번 장에서는 코칭에서 경험할 수 있는 몇 가지 함정을 살펴보고자 한다. 그동안 내가 경험해왔던 내용이지만 여러분이 다른 이들을 코치하기 시작할 때 도움이 되리라고 생각한다. 여기서는 이제 막 시작된 관계일 경우에 도움이 될 만한 내용을 위주로 실었다.

마음가짐을 단단히 하라

코칭을 하기에 앞서 반드시 마음가짐을 먼저 살펴보아야 한다. 코칭을 할 때 잘못된 마음가짐을 품으면 마치 자동차 에어컨을 고치려고 망치를 들고 설치는 꼴이 되고 만다. 자신이 뭘 하는지 잘 아는 척하려고 애쓰지만, 결국은 코치나 상대 모두에게 실망만 안겨주거나 상처가 될 수도 있다.

예수님은 우리 마음의 태도를 상당히 강조하셨다. 사람의 마음을 더럽히는 악한 병이 있는데, 그중 첫째는 '종교적인 마음'이다. 겉보기에는 번지르르하나 실상 속은 비었고 능력도 없다.

> 그 때에 예수께서 무리와 제자들에게 말씀하셨다. "율법학자들과 바리새파 사람들은 모세의 자리에 앉는 사람들이다. 그러므로 그들이 너희에게 말하는 것은 무엇이든지 다 행하고 지켜라. 그러나 그들의 행실은 따르지 말아라 그들은 말만 하고, 행하지는 않는다"(마 23:1-3, 새번역).

우리는 사람들의 변화를 위해 코치한다. 하지만 상대가 변화되어 하나님께 쓰임 받으리라는 진정한 믿음이 없으면, 삶을 변화시키는 믿음의 대화를 나눌 수가 없다.

반드시 쳐내야 할 두 번째 질병은 '불신의 마음'이다. 이를 해결하려면 믿음이 필요하다. 불신의 마음은 사람들의 잠재성을 믿지 못하게 가로막는다. 이런 마음을 지니면 상대를 늘 반쯤 빈 유리잔으로 보게 된다. 부분적으로 흐린 날씨를 '다소 맑음' 대신 '흐림'으로 보는 것이다. 이런 부류의 사람은 마음속에 긍정적인 기질이 부족하다.

그동안 나는 '심하게 긍정적인 사람'이라는 핀잔을 들었고 덕분에 여러 차례 어려움도 겪었다는 사실을 솔직히 인정해야겠다. 하지만 사람의 잠재력에 관해서라면 혹 내 판단이 틀렸다고 해도 그를 항상 믿어줄 것이다. 왜일까? 예수께서도 그렇게 하셨기 때문이다! 코치의 달인인 그분은 항상 제자들을 믿어주셨다.

주님은 내게도 날마다 이런 방법으로 지도하신다. 주께서 우리에게 믿음을 갖고 계시지 않았다면, 여러분과 내가 어떻게 믿음대로 행할 수 있겠는가? 우리는 예수의 본보기를 따라 사람들에 대한 최선의 것을 믿어주어야 한다. 우리의 코칭 기술을 필요로 하는 사람을 만나게 될 때, 우리 마음의 신뢰를 모두 쏟아놓아야 한다. 우리가 그의 가능성을 믿어주지 못한다면 과연 누가 믿겠는가? 각 사람을 믿음의 눈으로 바라보고 그의 잠재력을 보여달라고 주님께 간구하자. 그러면 하나님이 그를 바라보는 것을 여러분에게도 보여주실 것이다.

그들의 꿈과 소망과 영감에 귀를 기울이면서, 그들 마음속에 파묻힌 금을 끄집어 올릴 만한 열린 질문, 강력한 질문을 던져 보라. 그리고 하나님이 그 사람을 계획하신 모습대로 바꾸기 시작하는 것을 지켜보자.

마지막으로 떨쳐내야 할 질병은 '가미가제(자살결사대)병 혹은 반자이(돌격)병'이다! 제2차 세계대전 당시 일본군이 수세에 몰렸을 때 주로 사용하던 전술 방식이었다. 가미가제 공격은 자신이 몰던 비행기를 인간 미사일로 바꾸어 적을 타격한 가미가제 공군 조종사들 덕에 유명해진 말이다. 반자이 돌격이란 군인들이 탄약이 다 떨어진 상태에서 맨몸으로 적진을 향해 뛰어드는 전술을 뜻한다. 사무라이와 무사도武士道 정신에서 나온 전통으로 죽음을 불사하고 충성과 명예를 지킨다는 가치에 근거하고 있다.

개인적으로는 죽음을 마다하지 않는 충성과 명예라는 가치를 좋아하지만, 가미가제 공격이나 반자이 돌격은 그다지 효과가 없었다. 아무런 훈련도 없이 그저 맨당에 헤딩하듯 애를 쓰는 사람들을 봐왔다. 이들은 선한 결과보다는 상처만 남기는 경우가 많았다.

한정된 시야로 보지 마라

위대한 코치에게 필요한 것은 믿음의 눈이다. 젊은 목회자 시절

나는 전임이 아닌 겸임 사역자가 되고 싶은 마음이 강렬했다. 교회 사역뿐 아니라 사업에도 활발히 활동하고 싶었기 때문이다. 하지만 나를 코칭하던 코치는 나를 모순되고 마음이 나뉜 사람, 하나님께 헌신하지 않은 사역자로 취급했다. 잘못된 것은 전혀 없었다. 하나님은 다만 나를 다른 사람들과 다른 곳에 두신 것뿐이었다. 그것이 나를 향한 하나님의 부르심이었기에 사역과 사업 모두 열심히 하려던 것이었다.

지금 나는 교회에서 협동 목사로 섬기면서 몇 가지 사업을 운영하고 있다. 기쁨과 성취감을 느끼면서 말이다. 하나님이 나를 어떤 사람으로 지으셨고 내 안에 있는 하나님의 꿈을 얘기하는 나의 말에 코치가 좀 더 귀를 기울였더라면, 좀 더 빨리 그 일에 뛰어들었을 것이고 엄청난 좌절감으로 힘겨워하지 않았을 것이다. 참으로 뼈아픈 경험이었다.

그래서 나는 하나님이 내게 코칭할 사람을 보내주실 때면, 그 사람을 찬찬히 지켜보면서 그로 하여금 하나님이 마음에 두신 소명을 발견하고, 하나님이 주신 꿈을 찾도록 도와주려 애쓴다. 이는 코치나 대상자 양쪽 모두에게 믿음이 필요한 작업이지만, 시간과 노력을 들일 충분한 가치가 있는 일이다. 미국 풋볼팀 코치인 아라

파세기안은 스포츠 코칭에 대해 이렇게 말했다. "훌륭한 코치는 선수들이 자신의 지금 모습보다는 앞으로 될 수 있는 모습을 바라보게 만든다." 이는 인생의 코치에도 해당되는 말이다. 예수께서 우리에게 보여주신 본보기 그대로다. 그는 장차 반석인 베드로가 될 시몬에게 이렇게 가르치셨다.

예수께서 빌립보의 가이사랴 지방에 이르러서 제자들에게 물으셨다. "사람들이 인자를 누구라고 하느냐?" 제자들이 대답하였다. "세례자 요한이라고 하는 사람들도 있고, 엘리야라고 하는 사람들도 있고, 예레미야나 예언자들 가운데서 한 분이라고 하는 사람들도 있습니다." 예수께서 그들에게 물으셨다. "그러면 너희는 나를 누구라고 하느냐?" 시몬 베드로가 대답하였다. "선생님은 살아 계신 하나님의 아들 그리스도십니다." 예수께서 그에게 말씀하셨다. "시몬 바요나야, 너는 복이 있다. 너에게 이것을 알려 주신 분은, 사람이 아니라 하늘에 계신 나의 아버지시다. 너는 베드로다. 나는 이 반석 위에다가 내 교회를 세우겠다. 죽음의 문들이 그것을 이기지 못할 것이다. 내가 너에게 하늘 나라의 열쇠를 주겠다. 네가 무엇이든지 땅에서 매면 하늘에서도 매일 것이요, 땅에서 풀면 하늘에서도 풀릴 것이다" (마 16:13-19, 새번역).

이 사건으로 베드로는 완전히 변화되었다. 예수님은 베드로에게 주어진 사명에 대해 말씀하셨을 뿐 아니라 장차 베드로가 될 모습과 할 일에 대한 그분의 믿음을 선포하신 것이다. 믿음의 눈으로 사람들을 바라볼 때, 하나님이 그들 안에 행하시는 일을 볼 수 있는 눈이 생간다.

꿈을 찾아주고 살려주는 사람

위대한 코치는 상대가 품은 꿈을 살아 움직이게 만든다. 꿈을 죽이는 건 한순간이지만 다시 살아나게 하려면 일생이 걸릴지도 모른다! 관계와 마찬가지로 꿈도 유기적인 것이라 공격받기 쉽고 쉬 사라진다. 부적절한 시점에 생각 없이 던진 권위자의 말 한마디 때문에 치명상을 입을 수 있다. 나름의 선한 의도를 지닌 부모, 교사, 고용인, 지도자가 하나님이 원하시는 일을 정면으로 막아설 수도 있는 것이다. 예수님은 하나님이 주신 평생의 사명과 하나님의 꿈을 제자들과 나누셨다. 그런데 상황이 묘하게 돌아갔다.

그 때부터 예수께서는, 자기가 반드시 예루살렘에 올라가야 하며, 장로들과 대제사장들과 율법학자들에게 많은 고난을 받고 죽임을 당해야 하며 사흘 째 되는 날에 살아나야 한다는 것을. 제자들에게 밝히기 시작하셨다. 이에 베드로가 예수를 따로 붙들고 "주님, 안됩니다. 절대로 이런 일이 주님께 일어나서는 안됩니다"하고 말하면서 예수께 대들었다. 그러나 예수께서는 돌아서서, 베드로에게 말씀하셨다. "사탄아, 내 뒤로 물러가라. 너는 나에게 걸림돌이다. 너는 하나님의 일을 생각하지 않고, 사람의 일만 생각하는구나!" (마 16:21-23, 새번역)

베드로는 예수님이 그리스도이신 것을 고백하며 의기양양한 상태에 있다가 갑자기 사탄의 도구라는 꾸짖음을 당하며 고꾸라졌다.

성경을 대충 읽는 사람들은 이 구절을 처음 접하고서는 예수님이 너무 과잉 반응했다며 이상하게 볼 것이다. 그러나 내 눈에는 그 이유가 명확히 보인다. 사탄은 특별한 의도 없이 말하는 지도자들을 하나님의 꿈을 공격하는 도구로 이용한다. 늘 일어나는 일이다. 부모나 목회자 지도자들이 아무런 뜻 없이 무심코 내뱉은 말과 영향력 때문에 다른 이들의 꿈이 파괴되었다는 이야기를 생각보다 훨씬 자주 듣는다. 인간의 죄악된 본성 때문인 것 같다.

누가 자신의 꿈에 대해 이야기하기 시작하면 우리도 모르게 위협을 느낀다. 내가 어느 나이 든 어부와 만난 이야기다. 게를 담는 바구니를 뚜껑도 없이 열어 놓은 걸 보고 물었다. "왜 뚜껑이 없나요? 게들이 기어나와 도망갈까 걱정이 안 되십니까?" 그러자 그의 대답은 단순하면서도 놀라왔다. "어떤 게가 도망가려 하면 다른 게들이 그걸 두고 볼 수 없어요. 한 놈도 나올 수가 없지요." 가만히 게들의 행태를 지켜보았다. 한 놈이 바구니 밖으로 자유를 찾아 기어오르기 시작하자, 다른 게들이 그 놈을 붙잡고 늘어져 다시 바구니 속으로 잡아당겼다. 그러니 정말로 한 놈도 밖으로 나갈 수 없는 것이었다!

죄로 가득한 우리의 본성도 이와 같은 짓을 행한다. 그러면서도 자신은 고귀한 일을 하고 있다며 고개를 끄덕이는 것이다. 누가 다른 사람에게 용감히 자신의 꿈을 나누면, 우리는 이를 두려워하고 방어적으로 반응한다. 그리고 실제로 발걸음을 떼기도 전에 그 꿈에 대해 악의적으로 욕을 한다. 사탄이 좋아하는 일이다. 하나님의 꿈이 자신에게 위협적임을 잘 알기 때문이다. 특히 교회 개척에 관련된 일이거나 흑암의 왕국을 공격하는 일이라면 더욱 그렇다.

우리의 사명은 꿈꾸는 자들이 두려움 없이 자신의 꿈을 널리 펼칠 수 있는 환경을 만드는 것이다. 그저 그들의 꿈을 들어주고 격려할 뿐 아니라, 믿음과 상상력을 펼치며 꿈을 실현하도록 돕고, 오랜 시간 내면에 담아두었던 감정도 분출하도록 적절한 질문을 던져주는 것이 우리의 부르심이다.

듣기를 멈추지 마라

'내가 하는 방식으로 따라 하라.' 는 식의 코칭 원칙으로 나를 코칭하는 사람들을 수도 없이 만났다. 허울만 코칭이었다. 위대한 코치는 대화를 주도하기보다는 귀 기울여 듣고, 생각하고, 질문을 한다. 듣기Listening, 숙고하기Reflecting, 질문하기Question는 코칭 환경에서 지속되어야 하는 LRQ 순환 체계다.

오늘날 건강한 지도자들에게 필요한 것은 충분히 안정감을 갖고 귀를 기울이고, 사람들이 자신의 아이디어를 실천할 수 있도록 돕는 자질이다. 이 원칙을 제대로 깨달았을 때 오히려 나는 수많은 부담감에서 자유로워졌다. 내가 모든 해답을 가지고 있는 척 하지 않아도 된 것이다.

코치의 삶은 재미있고 자유로워야 한다는 걸 깨달았다. 수년 동안 성령의 만지심 아래 살아온 젊은 지도자들의 마음속에 무엇이 잠재되어 있는지 발견하는 건 참으로 흥미롭다. 기본적인 LRQ 사이클을 이용해서 하나님이 그 사람들 안에 두신 꿈을 풀어내는 일이 얼마나 경이로운지 모른다. 쉬운 작업처럼 들리겠지만 여기에는 제자 훈련, 가르침, 멘토링, 조언, 설교부터 LRQ에 이르기까지 많은 것이 필요하다.

이것은 우리의 사고방식을 전환해야 함을 의미한다. LRQ 사이클을 기억하고 완전히 새로운 인식 전환과 훈련에 돌입해야 한다. 그래야 이전에 보아온 것과는 전혀 다른 문을 사람들 앞에 활짝 열어줄 수 있다.

당신도 도움을 받으라

위대한 코치에게도 코칭이 필요하다. 다른 사람을 코치하는 법은 책이나 지침서보다는 건강한 지도자들의 코칭을 통해서 가장 많이 배운다.

조셉 유미디 박사는 세계 최대의 기독교 코치 훈련 사역 기관인 라이프 포밍 리더십 코칭의 설립자 겸 대표이며, 내 코치이자 친구이며 동역자다. 지난 10여 년 동안 나를 코칭해왔으며 지금도 나의 코치로 섬겨주고 있다.

조셉 박사를 만나기 전까지 나는 건강하지 못한 지도자들을 많이 만났다. 당시 얼마나 심한 회의에 빠졌던지 이 시대에는 내가 소망하는 것은 물론이고 여러 성경적 원칙도 통하지 않을 것이란 생각이 지배적이었다. 내가 모든 걸 포기하려고 할 무렵 하나님은 내 삶에 조셉 박사를 끌어오셨다. 지도자 컨퍼런스에서 그의 '건강한 리더십과 해로운 리더십'에 관한 프리젠테이션을 본 것을 시작으로 나는 푹 빠져버렸다.

우리는 금세 친구가 되었고 사역도 동역했으며, 그로 인해 나의 '건강한 리더십 코칭'에 대한 꿈이 되살아나게 되었다. 조셉은 이를 '성경적 코칭'이라 불렀는데, 나는 명칭이야 어찌 되든 상관없었다. 나는 그저 그에게 이를 전수받아서 내 삶과 세계 여러 사역에 변화를 일으키고 싶었다. 내 인생이 변했고, 결혼 생활이 바뀌었으며, 아버지로서의 역할도 달라졌다. 우리 교회와 사역, 사람들을 섬기는 내 방식도 변했다. 나는 가만히 있을 수 없었다.

여러분도 훌륭한 코치가 되고 싶다면 먼저 '인생 코칭'을 받아야 한다는 사실을 기억했으면 한다. 그건 성경적인 원칙이다. 나는 영적인 아버지와 어머니가 있다고 믿는다. 혹시 믿음이 좋은 육신의 부모가 없을지라도 하나님은 우리의 삶에 영적인 부모와 같은 존재를 보내셔서, 그리스도와 동행하는 삶에 지도와 도움을 받게 하신다고 믿는다.

나의 영적 아버지는 장인 어른이다. 그리스도인으로서 나를 훈련시키고, 멘토 역할을 해주고, 영적 아비가 되어 건강하게 남을 돕도록 코치해준 하나님의 사람이다. 그 관계는 30여 년 전에 시작되어 지금도 이어지고 있으며, 앞으로도 계속될 것이다. 덕분에 나는 좀 더 발전된 아버지, 코치, 목회자, 지도자가 될 수 있었다.

'위대한 코치가 되고 그 자리를 지키려면 먼저 기꺼이 코칭을 받아야 한다.' 코치가 되려면 무엇보다 중요한 이 원칙을 잊지 말아야 한다. 배우고 성장하고 하나님의 꿈을 계속 잃지 않으려면 정신을 차려야 한다. 계속 성장하고 싶다면 SEA(지지, 격려, 책임성)를 계속 발전시켜야 한다. 그렇게 하면 자신과 사람들이 변화되는 모습을 눈앞에서 생생하게 경험하게 될 것이다.

변화를 소망하라

코칭은 변화를 목적으로 해야 한다. 만약 코칭이 흥밋거리나 일시적인 유행이라면 오래 가지는 못한다. 더 재미있고 매력적인 것이 나타나면 이내 잊혀지고 말 것이다. 하지만 우리가 코칭으로 변화되고 하나님께 쓰임을 받아 다른 사람들을 코치하고 하나님의 은혜로 그들 역시 변화된다면, 평생토록 지속되는 훈련이 되어 늘 기쁨과 열매로 풍성한 삶이 될 것이다.

이러한 삶이 여러분이 늘 소망하던 정상이다. 산을 올라가듯 힘겨운 고난을 겪다보면 에너지도 부족하고 가는 길에 어려움도 만난다. "내가 왜 이런 고생을 사서 하지?" 하면서 힘들어 하다가도 자신이 이 길을 택했음을 깨닫는다. 그리고 다시금 눈앞에 닥친 과업에 초점을 맞추고 계속 나아가서 마침내 산 정상에 도달한다. 그곳에서 보는 풍경과 바람은 그야말로 장엄하다. 자신의 변화와 사람들의 성장을 보면서 그런 장엄함을 경험한다. 또한 우리의 코칭을 통해 교회가 새로 개척되거나 다시금 건강해지는 모습을 볼 때도, 파이크스 피크에 오른 여덟 살짜리 딸이 "하나님 대단해요!"를 외친 것 같은 장관을 보게 될 것이다.

코칭이 그토록 효과적인 이유는 무엇일까? 첫째, 우리 자신의 문제를 해결할 수 있도록 하나님이 능력을 허락하시기 때문이다. 누군가 옆에서 지도하고 도와주기만 하면 답은 스스로 찾아낼 수 있는 경우가 많다.

둘째로, 서로에게 책임을 지면서 성장을 돕기 때문이다. 올림픽 경기를 위해 훈련하는 선수와 코치의 관계처럼 말이다. 코치는 선수가 지닌 타고난 재능에 주목하고 이를 코치 자신의 경험, 기술과 결합시킨다. 그리고 아직 드러나지 못한 선수의 잠재력을 찾아내도록 도와준다.

이런 놀라운 시너지 효과가 세계 곳곳에서 일어나는 게 우리의 바람이다. 우리는 지도자들이 건강하고 생명력 있는 수천 개 교회를 세우고 일으킴과 동시에, 다른 이들의 꿈을 자유롭게 풀어주는 사람이 되도록 간절히 소망한다.

당신이 산을 오를 때에 주께서 복주시기를, 그리고 당신의 코칭을 통해 많은 이들이 복을 받기를 기도한다. 기억하자, 코칭의 성공 요인 중 90퍼센트는 태도이며, 10퍼센트는 기술이다.

8

계획을 세우고
지금 시작하라

YOU CAN COACH

모든 일을 행하시는 하나님께 온전히 의지할 때, 그분이 여러분에게 이전까지 꿈도 꾸지 못했던 지혜와 통찰을 주실 것이고, 그 과정에서 여러분을 위대한 코치로 만들어주실 것이다.

1990년대에는 자동차 클럽에 가입하면 혜택이 많았다. 자동차로 장거리 여행을 갈 일이 있으면 나(조엘 코미스키)는 먼저 자동차 클럽을 찾아가 최선의 여행 경로를 물었다. 그렇게 정보를 얻으면 목적지까지 도달하는 법을 정확히 파악할 수 있었고 방향이 분명하게 잡히니 여행도 맘껏 즐길 수 있었다. 목적지가 분명하니 마음에 평안이 생기고 목적지에 도달하기도 쉬웠다.

계획을 세우는 데 실패한다면, 실패를 계획하는 셈이 된다. 잠언 16장 9절에서는 이렇게 말한다. "사람이 마음으로 자기의 길을 계획할지라도 그의 걸음을 인도하시는 이는 여호와시니라." 또 24장 3절에서는 "집은 지혜로 말미암아 건축"된다고 했다.

내가 2001년도에 첫 코칭 모임을 시작했을 때는 구체적인 계획을 세우지 못했다. 진행하는 동안 그렇게 하려고 했지만, 목적지를 몰랐기 때문에 분명한 방향도 잡을 수가 없었다. 그런 내 모습을 보던 한 분이 자신의 행동 계획표를 짜서 내게 주었다. 나는 그를 만나서 코치할 때마다 그 계획표대로 행동했고 그 덕분에 성공적으로 첫 코칭 모임을 마칠 수 있었다.

걷는 방법부터 배우라

2003년에 새로운 목회자들과 3년 계획으로 코칭 모임을 시작했다. 그런데 얼마 지나지 않아 각 사람에 맞게 계획을 조정해야 한다는 걸 깨달았다. 몇몇 목회자들은 좀 더 천천히 진행해야 할 필요가 있었고 그들 또한 걷는 방법부터 배우고 싶어 했다. 반면에 어떤 이들은 빨리 달리고 싶어 했다. 그래서 나는 이들을 알아가면서 각 사람들에 맞게 계획을 수정해야 했다.

요즘에는 장기간 집단 코칭은 하지 않는다. 많은 목회자들이 우리 코칭 사역에 동참하기 때문에 6개월 동안만 코칭을 받도록 한다. 코칭 프로그램에는 소그룹 사역에 대해 매우 높은 수준의 이해를 갖고 있는 사람도 있고, 거의 알지 못하는 이들도 있다. 그래서 코칭 계획을 짤 때 항상 융통성 있게 하려고 한다. 어떤 때는 좀 더 코치 중심으로 행동 계획을 짜는가 하면, 또 어떤 때는 대상자에 중점을 두고 계획하기도 한다. 내가 코칭 계획을 짜면서 사용하는 기본 단계를 소개하자면 다음과 같다.

첫째, 지식의 기초를 바로 세우라

처음 코칭을 시작했을 때 나는 목회자인 코칭 대상자들이 나보다 소그룹 사역을 더 많이 안다고 생각했다. 나중에 깨달았지만 이들 대부분이 그 사역에 대한 기초적 개념과 원칙을 잘 모르고 있었다. 나는 목회자들이 셀 사역에 대한 기본기를 다지고 잘 성장할 수 있도록 힘썼다.

사실상 코칭이란 대상자가 자신의 지식과 자원을 활용하도록 돕는 일이 아닌가 싶다. 이를 위해 코치는 먼저 자신에게 필요한 지식이 갖춰져 있는지 확인할 필요가 있다. 효과적 훈련 방법 중 하나는 '책 읽기'다. 피터 와그너 박사의 말을 인용하자면, "생각을 새롭게 하는 가장 최선의 방법 중 하나는 읽고, 읽고, 또 읽는 것이다. 책을 읽지 않고 최고의 자리에 서는 지도자는 소수에 불과하다."[27]라고 했다. 나는 그래서 코칭 기간 동안에 소그룹 사역에 관련된 책을 읽도록 권한다.

일부 목회자들은 책 읽기를 그다지 좋아하지 않는다. 차라리 특정 교회 상황에 대해 자세히 설명해달라고 요청한다. 그들을 섬기는 자로서 나는 그 말에 우선 순순히 따른다. 하지만 내가 제시한 계획에 동의하는 다른 대상자들에게는 독서 계획표를 제시한다. 대부분 한 달에 한 권씩 읽는 데에 동의하지만 일부는 한 달에 두 권을 원하기도 한다. 그러면 나는 순서에 맞게 나열한 권장 도서 목록을 제시한다. 좋은 책, 도움이 되는 책이라면, 이전에 읽었던 책이라도 다시 읽어보라고 한다.

사람들과 전화로 코칭하게 될 때면 이런 식으로 책에 관해 여러 가지 질문을 한다.

- 이 책에서 저자가 하고자 하는 말은 무엇인가? 이 책을 쓴 목적이 무엇일까?
- 이 책의 장 · 단점은?
- 어떤 교훈을 얻었는가?

- 이 책을 읽고 나서 당신에게 어떤 변화가 있었는가?

- 앞으로 다르게 행동할 부분이 있다면?

대부분 마음의 동기가 분명하므로, 독서를 하면 소그룹 사역에 대한 날카로운 통찰력을 얻게 된다.

또한 나는 파워포인트 강의를 통해 내가 가르치는 소그룹 세미나에 대해 자세히 가르친다. 전화 코칭 이전에 파워포인트 수업을 먼저 들으라고 요청하고, 5분 동안 수업 내용에 관한 질문을 한다. 대상자의 개인적 필요에 대해 곧바로 들어가야 하기 때문에 이때는 많은 시간을 질문에 할애하지는 않는다. 다시 한 번 더 말하지만 지식의 기초를 바르게 세우는 것이 중요하다.

둘째, 사례에 대해 연구하라

'사례 연구' 란 간단히 말해 대상자와 교회에 관해 아는 전부를 적어놓은 자료를 뜻한다. 관찰이나 교회 홈페이지, 대상자가 보낸 서류, 혹은 코칭 시간에 직접 들은 내용을 통해 이러한 정보를 파악한다. 코치는 대상자를 코칭하는 기간 전반에 걸쳐 사례 연구를 작성한다.

전화로 코칭하는 경우, 대화를 이어가는 동안 노트북 컴퓨터를 옆에 놓는다. 그리고 대상자가 말하는 내용을 사례 연구로 기록한다. 그렇게 코칭 기간이 끝나면 내가 파악한 것을 다시 정리해 기록한다.

코치는 상대방에 대한 정보 없이 지혜로운 제안이나 평가를 내릴 수 없다. 코치가 교회를 분석할 때도 새로운 통찰이 떠오르는 경우가 있는데 그러면 코칭을 위한 만남이 시작되기에 앞서 물어보고 싶은 내용을 먼저 기록해야 한다.

사례 연구를 계속 기록하다보면 대상자의 생활이나 사역에 대해 언급할 말이 저절로 흘러나오게 된다. 이때 확인해야 할 요소는 다음과 같다.

:: **코칭 상대 파악**   코칭 대상자의 가정, 결혼 생활, 기타 배경에 관해 질문한다. 내 목표는 대상자에게서 가능한 많은 정보를 발견하는 것이다. 대상자가 혹 DISC나 Strength Finder(강점 발견) 등의 인성 검사를 했을 경우, 나는 검사 결과를 알려달라고 요청한다. 또는 ProScan[28] 같은 특정 검사를 권유하기도 한다.

:: **교회의 역사와 배경**　교회가 시작된 시기, 교회를 섬겼던 목회자들의 숫자, 교회의 중점 사역인 성경 공부나 예배에 대해 파악하고, 교회의 성장과 후퇴의 역사를 살피며, 교회의 배경에 관해 대상자가 제공할 수 있는 모든 정보를 얻도록 한다.

:: **지역과 문화적 상황**　교회 주변의 환경은 어떠하며 교인들은 대체적으로 어떤 생활양식을 가진 사람들인지, 이들은 부유한지 빈곤한지까지 정보를 얻어야 한다. 그런데 요즘은 인터넷만 잘 활용해도 다양한 정보를 얻을 수 있다. 한 예로 미국에서는 구글에 우편 번호만 찍어도 상대의 인종, 유래, 교육, 수입, 사회적 지위, 인구, 생활 유형 등 필요 이상의 정보까지 찾아볼 수 있다. 하지만 교회가 위치한 지역을 방문할 기회가 있다면 직접 알아내고 경험한 바를 기록하면 더 좋다.

:: **소그룹 사역 시도**　소그룹 사역이 제대로 갖춰지려면 그만큼 시행착오를 거칠 수밖에 없다. 대상자가 교회에서 무슨 시도를 해봤는지 파악하고 이전에 시도한 것이 왜 실패했는지 그 이유를 찾아보아야 한다. 대상자가 앞으로 동일한 실수를 반복하지 않게

도와주려면, 그가 어떤 실수를 했는지 파악하는 것이 중요하다.

셋째, 구체적인 행동 계획을 세우라

대상자와 이야기를 나누고 그가 어느 정도 파악이 되면, 이제 코치는 그의 미래 비전을 기록해야 한다. 세계적 수준의 선수들은 실제 경기에 임하기에 앞서 자신이 치를 경기를 두 번 정도 연습해보고, 마지막은 머릿속에 생생하게 그려내는 작업을 한다고 한다. 그리고 그렇게 머릿속에 그려진 경기에 어떻게 임할지 선수들은 결정한다.

이와 마찬가지로 코치도 대상자에게서 받은 정보를 가지고 교회가 어떠한 변화와 개척을 시작해야 할지 머릿속으로 그림을 그린다. 그리고 현재의 상황을 그대로 기록한 다음, 목회자가 꿈꾸는 미래의 모습을 기록한다.

코치의 입장에서 대상자가 가야 할 방향에 대해 꿈꿔볼 수는 있겠지만, 최종적으로 구체적인 행동 계획은 대상자 스스로가 세워야 한다. 코치는 대상자가 자신의 계획을 따라 실행하도록 도울 뿐이다. 궁극적으로 대상자 마음에서 우러나오지 않으면 그 어떤 실행도 이루어질 수 없다.

소그룹 사역 전략에 변화를 주기 원하는 전통 교회의 목회자를 코칭하는 경우라면, 새로운 변화를 일으키고 목표를 다시 잡는 데에 적지 않은 에너지가 들어가지만 만약 교회 개척자를 코치하는 경우라면 매우 다른 방법으로 시도해야 한다. 다양한 예를 살펴보기로 하자.

:: 전환하려고 하는가   목회자가 교회를 소그룹 체제로 전환할 생각이 있다면, 지도 목사가 인도하는 소그룹을 계획한다. 벡햄 William A.Beckham은 이렇게 말한다. "지도자가 소그룹 안에서 함께 생활하지 못하면서 어떻게 소그룹 참여자가 제대로 활동하기를 바랄 수 있겠는가?"[29]

지도자들은 시작부터 과정에 참여하면서 소그룹 사역에 적극적으로 참여해야 한다. 초기 소그룹이 전도를 제대로 하지 않으면, 파생 소그룹들도 똑같이 행동하기 마련이다. 초기 그룹이 올바른 모범을 보이지 않으면, 파생 소그룹 역시 별 차이가 없다.

지도 목사가 처음부터 소그룹 안에서 열정적으로 활동하면, 소그룹 체제는 제대로 출발할 수 있다. 전환을 계획하고 있다면 다음을 확인해야 한다.

- 소그룹은 얼마동안 지속될 것인가? 6개월에서 1년 정도를 권장한다.

- 소그룹에 참여하는 사람들을 위해 어떤 훈련을 할 것인가?

- 현재의 교회 지도와 함께 어떻게 변화를 창출해낼 것인가?

:: 개척하려고 하는가   교회 개척을 위한 실행 계획은 조금 다르다. 자세한 과정은 내 책 《재생산하는 교회 개척*Planing Churches that Reproduce*》(2006년, 서로사랑)에서 다루었다. 요약하자면, 코치는 다양한 교회 개척 단계를 거치면서 목회자를 지도한다. 그래서 각 단계별로 시간표를 작성하게 해야 한다.

- **기도 팀 구성 단계** : 교회 개척자에게는 어려울 때 옆에서 힘을 북돋워줄 기도의 용사들이 필요하다. 무슨 사건이 터질 때만이 아니라 정기적으로 모이는 기도 모임이 있어야 한다.

- **교회의 비전과 가치를 세우는 단계** : 코치가 독서와 파워포인트 강의 등으로 사람들을 도와야 하는 단계다. 셀교회 개념에 관해 코치하면서 함께 성장한다.

- **'예비 소그룹 모임'을 시작하는 단계** : 나는 교회 개척하는 분들에게 가능한 한 예비 소그룹 모임을 조직해서 첫 소그룹 후보생들을 모아

보라고 권유한다. 어느 목회자 부부를 예로 들자면, 이들은 그 지역에 사는 사람들을 위해 단기 아버지 학교를 개최했고 어떤 사람들은 새 신자를 모으기 위해 알파 코스 등을 사용하기도 했다.

• 소그룹을 조직하는 단계 : 교회가 실질적으로 시작하는 시기다. 대부분 가정에서 이뤄진다. 예비 소그룹 모임 활동을 통해 모인 사람들과 더불어 몇몇 그리스도인 부부들이 함께 모일 것을 권한다.

• 소그룹 성장 단계 : 모임마다 다르지만 6개월에서 2년이면 그 수는 몇 배가 된다. 소그룹이 성장하기에 앞서 지도 목사는 이 모임 안에 있는 사람들을 먼저 훈련해야 한다. 모임이 성장하면 지도 목사는 새로운 소그룹 리더를 코치한다.

• 감사 예배 : 매주 3개 소그룹이 모이면 한 달에 한 번씩 축제와 같은 감사 예배를 드릴 것을 권한다. 주일 저녁이 가장 적합하며 소그룹이 늘어날수록 더 자주 예배를 드리게 된다. 초기 단계에서는 교제 모임과 기도 모임 등의 이름으로 모일 수 있다.

• 인프라 구축 단계 : 소그룹이 성장하면 코칭, 훈련, 기도 사역에 있어서 약간의 조정을 하는 게 좋다.

• 새로운 셀교회 시작 단계 : 교회의 목적은 그저 하나의 좋은 모임이 되는 것이 아니라 성령의 움직임을 일으키는 것이다.

훈련 프로그램은 궁극적으로 목회자와 교회의 경험과 심장에서 나와야 한다. 하지만 직접 교재를 개발하기보다는 기존의 자료를 사용하는 교회가 많다. 행동 계획을 세울 때 코치는 목회자와 더불어 향후에 사용될 자료를 조망해야 한다.

돌봄 시스템에는 리더 코칭도 포함된다. 셀교회에서는 소그룹 리더들에게도 코치가 필요하다고 본다. 일부 셀교회에서는 구역별, 지역별, 도시별로 리더를 세우기도 한다. 어떤 곳에서는 비슷한 직종별로 리더를 세우기도 했다. 코치는 행동 계획에 장차 사용할 돌봄 시스템에 대해서도 작성해야 한다.

:: 예산은 어떠한가 "말만 하지 말고 행동으로 옮겨라." 지금 셀교회에서 목회하거나 셀교회로 전환 중이라면, 예산 편성에 있어서도 변화가 있어야 한다. 교회 예산은 교회가 가장 중요시 하는 것이 무엇인지 보여준다. 셀교회에 대한 관심은, 예산상으로도 드러나야 한다. 따라서 교회의 향후 사역을 조망하는 단계에서 목회자는 소그룹 사역에 필요한 자료와 자원에 쓸 재정을 미리 예상해야 한다.

:: 소그룹을 위한 믿음의 목표가 있는가   셀교회의 핵심 목표 중 하나는 소그룹의 증가다. 이 모임의 진정한 목표는 여러 명의 새로운 리더들이 자격을 갖추고 추수 일꾼으로 파송되는 것이다. 셀 사역은 제자를 세우는 일에 집중한다. 훗날 그들이 다시 제자를 세워 세상을 향해 나아갈 수 있게 하는 것이다.

1년 목표는 아주 구체적이고 실천 가능한 일이어야 한다. 연간 목표를 달성하려면 즉시 착수해야 한다. 다음 날로 결코 미룰 수 없다. 교회 소그룹의 현 상황을 파악하고, 훈련 프로그램이 어떻게 기능하며 리더들이 제대로 돌봄을 받는지를 살펴보면서, 일 년 소그룹 모임 목표를 결정해야 한다.

넷째, 목회자가 계획을 완수하도록 도우라

행동 계획을 다 작성했으면, 이제 코치가 해야 할 일은 목회자가 목표를 달성할 수 있게 돕는 것이다. 목회자가 행동 계획을 수정하기 원하거나 자기 나름의 계획을 세우기 원한다면 코치는 늘 섬기는 마음으로 운전석을 내어놓아야 한다. 책임은 목회자 자신에게 있는 것이지, 코치에게 있는 게 아니다. 코치는 목회자가 자신의 계획을 완수하도록 섬기고 돕기 위해 그 자리에 있는 것이다.

코치는 단지 옆에서 동행하며 목회자가 자신이 소망하는 곳에 다다르도록 도우면 된다.

일부 목회자들은 먼저 가정의 위기 같은 개인 문제부터 해결해야 하는 경우도 있다. 코치로서의 가장 기본이 되는 역할은 목회자를 섬기는 것이지 계획을 성취하는 게 아님을 기억하자.

코칭 기간이 다 끝나갈 무렵이 되면, 가장 핵심적인 상담과 조정에 들어간다. 이때가 되면 시간표는 거의 마무리되고, 결승점은 가까워오고, 눈앞에 결말이 보인다. 우리가 정해놓은 마지막 시간에 다가갈수록 더욱 긴장하게 된다.

다섯째, 결코 멈추지 마라

자기의 것을 내어놓을수록 더 많은 것을 배우는 법이다. 내가 다른 사람을 코치할 때 얻는 가장 핵심적인 유익이 바로 그것이다. 자기의 지식을 많은 이들과 공유하면 더 많이 얻는다. 자기 안에 고립된 지식은 고인 물과도 같다.

제프 터넬과 그 교회 사역팀을 코치한 적이 있는데 제프는 참으로 성실하고, 유능하고, 겸손한 사람으로 배움의 자세가 탁월했다. 다른 사람의 의견에 대해 귀를 기울일 줄 알고 질문도 잘하고 코칭 시간에 자신이 배운 바를 실행으로 옮기는 데 주저함이 없었다. 우리가 함께하는 코칭 기간이 막바지에 이를 즈음, 나는 셀교회를 새롭게 시작하느라 도움이 절실한 어느 목사님에게 제프를 추천했다. 그리고 하나님이 이끄시는 대로 제프는 뛰어난 코치가 되어 지금 왕성하게 활동하고 있다.

자, 이제 당신 차례다

우리는 코칭이 하나의 보편적 운동이 되는 게 하나님 뜻이라 믿는다. 모든 목회자에게 코치가 있고, 이후에는 목회자가 직접 다른 사람을 코칭하게 될 날이 올 것이라고 나는 간절히 소망한다.

단순하지만 변하지 않는 원칙이야말로 목회자를 코칭하는 데 최고의 기초가 된다고 믿는다. 지금까지 우리가 배운 바를 여러분에게 나누려 애썼다.

보통 첫 걸음을 떼어 다른 사람을 코칭하고 싶은 마음을 표현하는 것이 가장 힘겨운 일임을 알기에 우리는 여러분에게 권면한다. 첫 걸음을 떼어 그 사람에게 연락하고, 그에게 도움이 되도록 최선을 다해 보라고 말이다.

이 책의 개념이 어떤 이에겐 익숙하고, 또 어떤 이에겐 생소하겠지만 실제로 적용해보면 놀라운 일이 벌어질테니 해보길 바란다. 모든 일을 행하시는 하나님께 온전히 의지할 때, 그분이 여러분에게 이전까지 꿈도 꾸지 못했던 지혜와 통찰을 주실 것이고, 그 과정에서 여러분을 위대한 코치로 만들어주실 것이다.

자, 이제 여러분이 시작할 차례다.

부록
이끌 때 필요한 원칙들

1. 첫 코칭 위탁 기간은 보통 1년이며, 3년을 넘어서는 안 된다.

2. 현지 교회 상황에 맞는 셀교회 유형을 개발하도록 돕는다 : 멘토링
   교회가 본보기가 될 수는 있지만 지역 교회에 이를 무조건 수용하게
   하기보다는 교회 스스로 자기 유형을 찾아가도록 도와야 한다.

3. 생명이 관건이다 : 생명이 있어야 성장이 있다. '삶의 변화를 위한 캠
   프'를 운영하고, 제자 훈련 관계를 맺으며, 서로 지원하고 세워주는
   구조를 교회 안에 정착시켜라. 이러한 일련의 사역을 중요하게 여기
   는 분위기를 교회 안에 세워야 한다. 이를 통해 지도자, 특히 목회자
   의 삶 역시 변화된다.

4. 목회자에게 새로운 생명력을 전해준다 : 대부분 목회자들은 사무실

에 들어 앉아 설교를 준비하는 신학교식 목회에 익숙하기 때문에 내부지향적이다. 예수님은 건물이 아니라 야외에서 주로 활동하셨음을 기억하자. 제자들 훈련도 건물이 아닌 바깥에서 하셨다. 목회자가 차가운 도시 분위기에 매몰되지 않고 활기찬 도시인이 되도록 힘써 도우라. 하나님을 위해 담대하고 용감하게 싸울 수 있고, 열정을 잃지 않으며, 하나님을 향한 믿음으로 살고, 제도보다는 영성으로 살며, 교인들과 친밀한 관계를 유지하고, 타인과의 관계를 세우고 이 모든 것을 즐길 줄 알도록 돕자.

5. 교회를 위한 특별 기도모임을 조직한다 : 초점을 맞춘 강렬한 기도여야 한다. 지역 교회가 멘토링 교회에게 자신의 필요를 성실히 전달할 수 있도록 구체적 필요를 놓고 기도하자.

6. 일꾼을 모집한다 : 멘토링 교회에 있는 형제, 자매들을 세워 코칭 교회로 선교 여행을 가고 그곳에서 전략적 돌파구를 찾아내도록 한다. 현지 교회의 형제, 자매들과 함께 일하도록 단기 팀을 세울 수도 있다. 단기 팀은 와서 훈련, 전도, 캠프 등을 돕는다. 이는 한 교회 전체가 다른 교회 전체를 돕는 형태다.

7. 관계를 세우고, 코칭으로 격려한다.

8. 코칭 대상 교회는 멘토링 교회가 어떤 식으로 진행하는지 보고 아이디어와 생명력을 얻기 위해 멘토링 교회를 방문할 수 있다.

9. 교회들은 건강한 셀교회와 정기적으로 네트워킹해야 한다. 하나님 나라를 위한 사역을 하는 데 서로 배우고 돕기 위해서다.

10. 코칭 대상 교회는 같은 지역의 어려운 교회를 도울 계획을 세워야

한다. 반드시 재생산을 해야 한다.

2장 : 본질에 초점을 맞추라

1. 크리스티안 슈바르츠는 그의 책 《자연적 교회 성장(Natural Church Development)》에서 보편
   적인 8가지 원칙을 제시했다. 이는 32개국 1,000개 교회를 대상으로 조사한 결과를 정리한 내
   용이다. 이 자료는 교회가 자신의 강점과 약점이 해당되는 원칙을 발견하는 데 근간이 된다.
   코치는 그 결과를 가지고 교회를 건강하게 세우는 데 사용할 수 있다(ChurchSmart의 자료).

2. 아시아 문화권, 특히 동아시아는 외형적 행동을 중시하는 문화를 가지고 있다. 그들은 학교
   에서 어떻게 행동하는지에 따라 좋은 아이, 나쁜 아이를 구별하는 부모님 밑에서 커왔다. 그
   들은 부모와 친척들을 기쁘게 하기 위해 공부, 피아노, 운동 같은 생활의 모든 영역에서 엄
   청난 노력을 한다. 어른이 되서도 남에게 잘 보여야 한다는 콤플렉스를 갖고 있고, 다음 세
   대에도 똑같은 생각을 물려주고 있다.

3. 콜롬비아, 보고타의 G12 모델로 인해 촉발된 일이었다. 이 유형 그대로 따르라고 요구하는
   바람에 엄청난 논쟁을 일으켰다. 또한 동시에 '가정교회' 형태가 소개되었는데, 거기서 소
   개했던 책 《세상을 바꾼 가정 교회(Houses that changed the World)》의 저자는 첫 장을 온통
   셀교회를 비난하는 내용으로 썼다. 그로 인해 목회자들이 양극으로 나뉘기도 했다.

4. 7가지 본질에 대해 동의하지 않는 사람도 있겠지만, 목회자 코칭을 할 때는 교회의 유형 자
   체보다는 원칙에 초점을 두어야 한다.

5. 교회의 본질에 대해 관심이 있다면 나의 다음 저서를 눈여겨주길 바란다. 7가지 본질을 어떻게 교회에 적용할지에 대해 좀 더 세밀하게 쓸 예정이다.

6. '교회'를 뜻하는 헬라어다.

7. 2010년 10월에 이 비전을 시작했는데, 벌써 10개 이상 그룹이 새로운 교회를 시작할 준비가 되어 있다. 현재 공식적으로 교회 개척을 발족시킬 시기만 기다리고 있다.

8. Christian Schwarz, *Natural Church Development*, p.22~23.

9. Michael Frost, Alan Hirsch, *ReJesus : A Wild Messiah for a Missional Church*, 도입부.

3장 : 섬김을 통해 배우라

10. Dr. J. Robert Clinton, *Finishing Well*, 1999.

4장 : 전부를 쏟아 부어라

11. 당시 어느 교회에서 내 월급의 반을 대주었고, 나머지는 각 교회별로 나뉘서 내 사례비를 충당했다.

12. http://w.espn.go.com/espnw/news-opinion/3473761 참조

13. 이들을 위해 좀 더 효율적으로 기도할 목적으로 정보를 업데이트하고, 이를 보관한다. 지금은 엄청난 문서가 모였다. 나는 이 정보를 기도의 소재로 사용하는데, 각자의 약한 부분을 기도하고, 약한 부분에서 장점이 더욱 부각되도록 기도한다.

5장 : 사람들의 친구가 되어주라

14. Jay Firebaugh, *It all comes down to relationships* (Huston, TX: The Coach is the Key, 1999), p.41.

15. http://www.usatoday.com/sports/basketball/nba/spurs/2007-06-13-popovich_N.htm

참조. 기사 제목 "Quietly, Popovich is becoming one of the greats."

16. David B. Peterson, Mary Dee Hicks, *Leaders as Coach: Strategies for Coaching and Developing Others* (Minneapolis, MN: Personnel Decision International, 1996), p. 43.

6장 : 모든 리더에게 필요한 변화

17. 당시 인도네시아에 있던 화교(華僑)들은 심한 박해를 받았다. 그래서 부모님은 우리들을 다른 나라로 보내셨다. 그래서 우리는 호주, 대만, 미국 등 세계 곳곳으로 흩어졌다. 하지만 나는 다시 홍콩에 돌아오기로 결심했다.

18. 1966년 초, 중국에서 일어난 문화혁명으로 많은 사람들이 극심한 고통을 겪었다. 홍콩도 영향을 받아 거리에서 시위가 많이 일어났다. 우리 부모님은 근심하며 나를 홍콩 밖으로 내보내셨다.

19. 이후에 나는 사람들을 코치하고, 그 방법을 가르치는 이들이 있다는 사실을 알게 되었다. 밥 로건과 ChurchSmart 팀이 이에 관해 좋은 자료를 개발했다.

20. Gary R. Collins, *How to be a People Helper* (Wheaton, IL: Tyndale House Publishers, 1995).

21. 예수님은 "누가 내 이웃인가?"라는 질문을 듣고 선한 사마리아인 비유로 답하셨다. 우리의 이웃은 바로 옆집에 사는 사람이 아니라 도와줄 사람 없이 어려움을 겪는 사람이라는 뜻이다(눅 10:29-37).

22. Gary R. Collins, 앞의 책, 서두 부분.

23. 브라질의 로버트 레이와 함께 하면서 얻은 아이디어다. 로버트는 셀교회 교육 코스인 ACT(Advance Cell Training)를 브라질 전역에서 진행하고 있다. 일 년에 4차례 열리는 소규모 세미나로 3일 동안 계속된다. 이 모임을 통해 학생들은 핵심 강의를 들으며 지식을 더욱 강화시킬 뿐 아니라 다른 이들과 교제를 나눈다. 세미나 후 다음 세미나 전까지는 배

운 내용을 실습해야 한다.

24. 간사이 지역에는 오사카, 교토, 고베와 같은 몇몇 유명한 도시가 있다.

25. 코칭 네트워크에서 사역할 때는 사례비를 받지 않는다. 코칭을 필요로 하는 교회들이 대부분 규모가 작고, 비용에서 부담을 느끼면 참여하지 않기 때문이다. 또한 우리가 원하는 분위기는 다른 사람에게서 받은 코칭을 다른 이들에게 베풀어주는 것이다.

26. Pastoral Care Inc, 2009.

8장 : 계획을 세우고 지금 시작하라

27. Peter Wagner, *Strategies for Today's Leaders*, (Third quarter, 2002), p.8.

28. ProScan은 지도자의 환경과 만족도, 스트레스 정도를 조사하는 뛰어난 인성 검사다. 자세한 사항은 viewthrulight@verizon.net로 Debra Schottelkorb에 문의하면 된다.

29. William A. Beckham, *The Second Reformation* (Huston, TX: Touch Publications, 1995), p.168.

소그룹이 희망이다

초판 1쇄 펴낸 날 2011년 8월 19일

지은이 조엘 코미스키 · 새미 래이 스캑스 · 벤 왕
옮긴이 주지현
기획 과장 채대광 기획 편집 전은숙 고은정 박지혜 이호은 디자인 총괄 김진희
마케팅 김광일 경영 지원 주정식 김은미

펴낸이 우수명 펴낸곳 도서출판 NCD
등록번호 제 129-81-80357호 등록일자 2005년 1월 12일
등록처 경기도 고양시 일산구 장항동 578-16 나동

도서출판 NCD
주소 | 서울시 강남구 대치동 943-13 윤천빌딩 3층
주문 | 영업부 | (일산) 031-905-0434, 0436 팩스 031-905-7092
본사 | 편집부 | (강남) 02-538-0409, 3959 팩스 02-566-7754
한국 NCD | 지원 · 코칭 | 02-565-7767 팩스 02-566-7754
NCD몰 | www.ncdmall.com

ISBN 978-89-5788-155-2

종이 시그마페이퍼 출력 대산아트컴 인쇄 한국소문사 제책 경성문화사

교회를 건강하게 성장하도록 돕는 도서출판 NCD

도서출판 NCD는 '자연적으로 성장하는, 더 좋고 많은 교회 번식 운동'을 펼치고 있는 한국 NCD 및 이와 관련된 기관들의 사역을 문서로 지원하는 출판사입니다.

한국 NCD는 현재 전 세계 66개국 10,000여 개 교회에서 4,200만 자료로 검증된 설문조사를 토대로 하여 한국 교회의 건강을 진단할 뿐만 아니라 더 많은 교회들이 건강하게 세워질 수 있도록 지속적으로 자료 및 도구 제공, 훈련, 세미나, 컨설팅, 코치 사역, 세계 선교, 지역 및 정보 네트워크를 통해 사역하고 있는 국제적인 전문 사역 기관입니다.